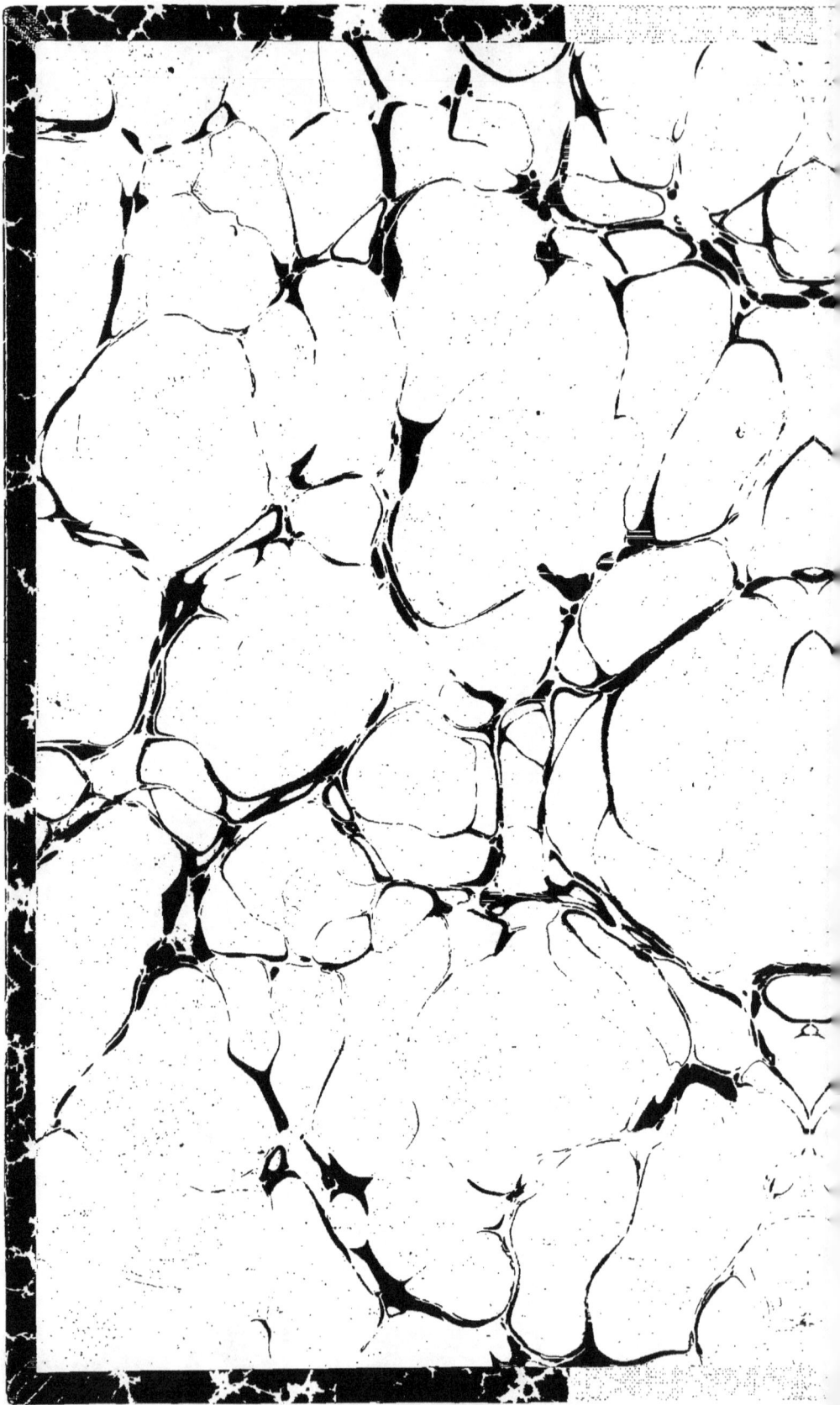

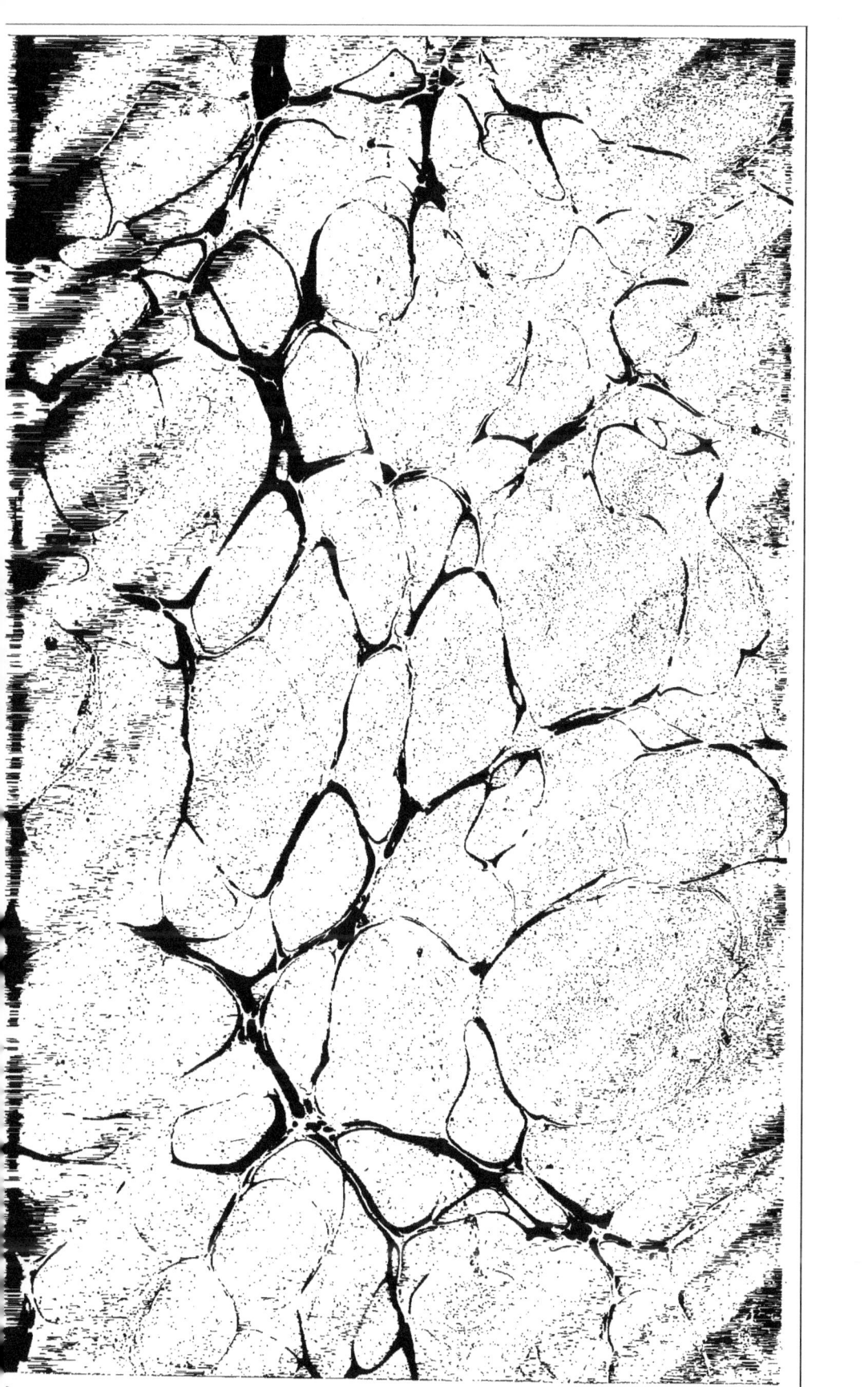

VIE

DU

CARDINAL DE RICHELIEU

PREMIER MINISTRE DE LOUIS XIII

SCEAUX. — TYP. DE M. ET P.-E. CHARAIRE.

VIE DU CARDINAL

DE RICHELIEU

PREMIER MINISTRE DE LOUIS XIII

PARIS

LIBRAIRIE D'ÉDUCATION

GÉRANT : AMABLE RIGAUT, ÉDITEUR

33, QUAI DES AUGUSTINS, 33

1877

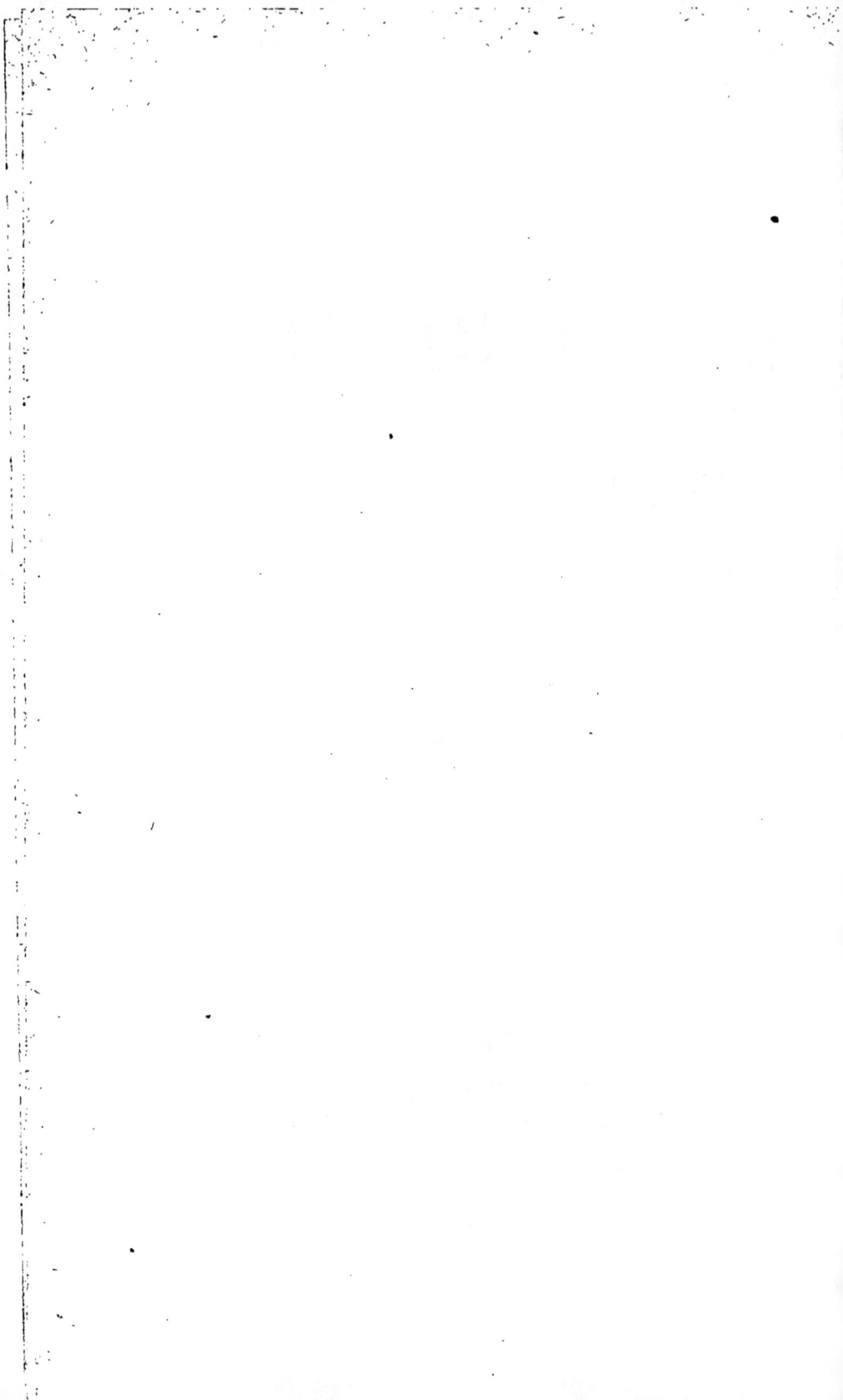

VIE

DU

CARDINAL DE RICHELIEU

PREMIER MINISTRE DE LOUIS XIII

L'Histoire ne fournit aucun exemple d'un ministère pareil à celui du cardinal de Richelieu. Sa vie
est une époque des plus intéressantes pour la monarchie française. Génie supérieur, habile ministre,
grand politique, protecteur des arts et des belles-
lettres : voilà les qualités de ce grand homme. Elles
seraient ternies sans doute par son ambition déme-
surée, et par une vengeance qu'il poussa jusqu'à la
cruauté, s'il ne lui avait fallu prendre des voies vio-
lentes pour assujettir des hommes habitués à secouer
le joug de la domination.

Ce ministre, dont l'esprit perçait dans toutes les
branches de la politique, sut lui commander, et la
faire servir à ses vues éclairées.

La France, accoutumée à voir autant de souverains qu'elle nourrissait de grands, vainement s'op-
pose à ses desseins : il les attaque et les force de se
soumettre.

Son génie lui fait voir d'un coup d'œil les moyens

1

qu'il doit employer. Rien ne lui échappe au dedans et au dehors.

Chez l'étranger : il arrête et déconcerte l'Autrichien dans ses projets ambitieux. Il sème la discorde dans le cœur de l'Anglais, toujours jaloux de notre gloire. Il porte ses intrigues jusque dans le Portugal, pour en chasser l'Espagnol.

En France : les grands cabalent; il les abaisse. Les princes se liguent; il leur ôte la liberté. Le parlement réclame des droits; il le contraint de fléchir. Il se voit dans la nécessité de persécuter la reine liée par le sang avec l'Espagne. S'il oblige un ami, un autre est payé d'ingratitude. Cruel et dangereux pour qui l'offense, il laisse mourir misérablement celle à qui il doit son élévation. Enfin tout plie sous sa domination. Il porte sa puissance à l'égal de son souverain. Il bannit, il exile, il fait couler le sang ; et, sur les ruines des malheureuses victimes qu'il immole, il jette les fondements inébranlables de l'autorité royale.

Cependant cet absolu pouvoir usurpé sur le roi qui le rend maître de manier à son gré l'Europe entière, ne peut balancer ses craintes, ni l'exempter des troubles intérieurs que la jalousie des grands élève perpétuellement dans son âme. Tout autre que ce génie aurait succombé : mais la supériorité de son esprit toujours fécond lui fait trouver des ressources si grandes dans les cabales et dans les accusations même de ses ennemis, que le moment où ils pensent l'opprimer est celui qu'il saisit pour les accabler.

Quels ressorts fait-il donc jouer pour se sou-

tenir dans le poste éminent où il arrive? Quel est
son courage pour surmonter tant de difficultés qui
naissent à tout moment sous ses pas? Quels sont les
ennemis qu'il doit combattre? Et comment, prêt à
succomber lui-même, sort-il triomphant de tous les
obstacles les plus puissants? Quel fruit enfin la monarchie peut-elle retirer d'un ministère si impérieux?
C'est ce que l'histoire des événements de sa vie va
nous dévoiler.

Armand-Jean Duplessis vint au monde le 5 septembre 1585, avec une disposition d'esprit si heureuse, que dès sa jeunesse, il fit connaître son goût
pour les sciences et pour les grandes choses.

Il était fils de François Duplessis, sieur de Richelieu, chevalier des ordres du roi, grand prévôt de
France, et de Susane de la Porte, proche parente
du maréchal de la Meilleraye, petit-fils de l'avocat
la Porte [1].

A la fleur de son âge, Paul V lui accorda une
dispense pour entrer dans l'épiscopat. Il avait été
nommé à l'évêché de Luçon, et à vingt-deux ans, il
alla se faire sacrer à Rome, par le cardinal de Givri,
le 7 avril 1607 [2].

---

1. L'avocat la Porte reçut le prix de son éloquence, pour avoir
fait gagner un procès considérable à l'ordre de Malte. Le grand-
maître en reconnaissance de ce service donna la croix à un de ses
petits-fils.

2. On rapporte que Richelieu, pour avoir plus tôt ses dépêches,
présenta l'extrait baptistaire de son frère qui portait le même nom,
que le pape ne s'en aperçut qu'après le sacre de cet évêque et se
mit fort en colère. Richelieu, pour l'apaiser, s'adressa au marquis
d'Alincourt, ambassadeur de France. Paul V lui pardonna; mais il ne
put s'empêcher de dire : « M. l'ambassadeur, voilà un jeune homme

Richelieu ne trouva pas dans cette cour de quoi fixer son ambition. Borghèse, dont le savoir égalait le courage pour le soutien de l'autorité du Saint-Siége, cherchait à gagner les cœurs par l'innocence et la douceur de sa vie. Ce grand pontife portait ses vues sur des peuples de l'Orient récemment sortis de l'erreur. Occupé du soin de faire prêcher l'Évangile dans les Indes et de diriger l'Église, il n'avait d'autre désir que l'accroissement de la religion. Aussi le nouvel évêque ne s'amusa-t-il pas à briguer les grâces d'une cour qui ne pouvait les refuser un jour à son mérite. Cet homme, né pour illustrer son siècle, devait paraître sur une scène plus vaste ; et ce fut dans sa patrie que la fortune le rappela, pour y jouer le plus grand rôle.

L'instant fatal de la mort d'un roi qui fut pleuré par le dernier des Français, ne fut pas arrivé, que les affaires de l'Europe changèrent de face. Le grand projet d'équilibre, pensé et combiné par Henri IV, se vit anéanti au moment qu'il allait éclore, par l'attentat énorme qu'un monstre parricide commit sur ce roi si grand et si cher à la nation [1].

Le 14 mai 1610, jour le plus malheureux que la France ait jamais pu voir, la reine Marie de Médicis fit pressentir aux membres de la magistrature le dessein qu'elle avait de se charger de la régence

qui, sur ma parole, sera un grand fourbe. » Traduction imparfaite de Vittorio Siri, qui à cette occasion rapporte les paroles du pape Paul V.

1. Le vendredi 14 mai 1610, Henri IV fut assassiné dans son carrosse au milieu de la rue de la Ferronnerie, par Ravaillac, comme allait à l'Arsenal chez le duc de Sully.

pendant la minorité de son fils, et leur fit dire de s'assembler le lendemain aux Augustins ; qu'elle y mènerait Louis XIII tenir son lit de justice.

Lorsqu'elle eut obtenu ce qu'elle désirait, il fut question d'établir un conseil de régence où tous les grands seigneurs briguèrent l'honneur d'être admis. On ne crut pas devoir les refuser, dans la crainte d'augmenter le nombre des mécontents déjà trop considérable, dans un temps surtout où les esprits prenaient feu pour la moindre chose : ainsi la porte leur fut ouverte jusqu'au premier événement.

La minorité de Louis XIII ne pouvait être que tumultueuse. La régence entre les mains d'une princesse altière, d'une volonté absolue, ne respirant que le luxe, la dépense et les plaisirs ; un favori ministre [1] livré et vendu à l'Espagne, rivale de la France, ne pensant qu'à éloigner les grands dans la crainte qu'ils ne s'unissent pour le perdre ; des princes mécontents, toujours prêts à se révolter parce qu'on leur manque de parole : un duc de Sully, digne reste du règne de Henri le Grand, dont les vertus portent ombrage, déchu de ses emplois et renvoyé ; les réformés que l'on trompe, profitant du moindre sujet pour secouer le joug ; une double alliance projetée, remplie de contradictions [2]... Voilà l'esquisse du tableau et de la situation des affaires pendant la minorité d'un roi plein d'excellentes qualités, mais dont le caractère timide se laissa dominer par quiconque sut s'emparer de son esprit.

1. Concini.

2. Le mariage de Louis XIII avec l'infante d'Espagne et celui de l'infant d'Espagne avec Élisabeth de France.

Une régence de cette espèce, obtenue par la force [1], sans liberté de suffrages, et sans l'approbation des grands, dut nécessairement occasionner une infinité de troubles; aussi celle de Marie de Médicis fut pleine de cabales et d'inquiétudes, car enfin, cette reine, peu versée dans les affaires, ne songeait qu'à répandre ses faveurs et ses grâces sur deux étrangers sans reconnaissance [2]; et le ministre italien incapable, mais enorgueilli d'une place que peut-être il ne devait qu'à ses crimes, ne s'occupait que des moyens de se soutenir, quels qu'ils fussent.

C'est pourquoi tout le temps que la reine eut l'autorité en main, même après la majorité de son fils, se passa en mécontentements de part et d'autre. Les esprits étaient dans une fermentation difficile à calmer. La reine, entêtée de Concini, sacrifiait tout pour le soutenir; et le favori tout-puissant, ennemi du bien de l'État, ne travaillait que pour augmenter son crédit. Les grands en butte les uns aux autres, acharnés contre le ministère, et dans une incertitude continuelle, quittaient la cour, y revenaient selon qu'ils le jugeaient nécessaire à leur fortune. De leurs animosités s'élevaient des querelles particulières que la reine avait beaucoup de peine à apaiser. On avait convoqué les États pour réformer les abus; on intriguait en même temps pour les désunir entr'eux, et l'on finit par les renvoyer sans rien décider.

Cependant au milieu de ces troubles s'accomplit la double alliance tant désirée, après avoir essuyé

1. Le jour du lit de justice, quantité de troupes garnissaient les environs des Augustins.
2. Concini et Éléonore Galigaï sa femme.

bien des traverses. Le duc d'Acèda, au nom de
Louis XIII, épousa l'infante à Burgos, ainsi que le
duc de Guise, pour le prince infant d'Espagne, Élisabeth de France, à Bordeaux, le 18 octobre 1615.

Pendant ce temps-là, l'évêque de Luçon, les yeux
fixés sur sa fortune, cherchait par la souplesse de
son esprit et par ses manières insinuantes à se procurer des amis. Il s'attacha à la marquise de Gues-
cheville, dame d'honneur de la reine-mère, et surtout
à Concini, devenu maréchal d'Ancre, dont il voyait
le crédit s'augmenter à vue d'œil. Ce favori, maître
de l'esprit de la régente, lui donna des preuves de
son affection en engageant la princesse de lui accorder la charge de grand-aumônier de la jeune
reine, sa belle-fille. Ce fut le signal de sa fortune et
de sa grandeur.

Quelque temps après, le maréchal, protecteur
de Richelieu, paya de sa vie la haine qu'il s'était
attirée par ses désordres. Les grands et le peuple
l'avaient en horreur. L'emprisonnement du premier
prince du sang[1], dont il était l'auteur, ses dépréda-
tions, son arrogance furent les motifs de la retraite
d'un nombre infini de seigneurs. Les ducs de Lon-
gueville, de Mayenne, de Bouillon, d'Épernon et
quantité d'autres prirent les armes, dans la résolution de l'opprimer. Ses vices avaient allumé la
guerre civile : mais dans le temps que tout était en
feu, ce maréchal fut tué, le 14 avril 1617, dans la
cour du Louvre par Vitry, capitaine des gardes, qui
en avait reçu l'ordre. La nouvelle de sa mort fut à

1. Le prince de Condé.

peine répandue, que toute hostilité cessa, et chacun s'empressa de recourir à la clémence du roi. Voilà l'esprit du Français : prompt et bouillant, il se révolte contre le joug étranger ; cesse-t-il de le craindre, dans l'instant il rentre dans l'obéissance.

La haine universelle qu'on portait à Concini ne fut pas la seule cause de sa mort. Luynes, favori du roi, convoitait depuis longtemps d'un œil avide la grande fortune de ce maréchal, et n'attendait que le moment favorable pour lui porter le coup mortel. Par les mauvaises impressions qu'il donna au roi de la reine-mère et de son favori, il arracha en même temps du monarque trop crédule l'ordre sanguinaire contre le ministre et la disgrâce de la régente.

Cette infortunée princesse apprend la mort du maréchal d'Ancre, et se dispose à passer chez le roi. Mais les soupçons que Luynes avait jetés dans le cœur du monarque étaient trop gravés dans la mémoire de ce prince pour en sortir si promptement. Quelque démarche qu'elle fît, elle ne put obtenir la satisfaction de voir son fils, qu'après avoir déclaré qu'elle se retirerait. Résolution que le favori du roi voulait qu'elle prît d'elle-même, et dont les conditions furent réglées avec l'évêque de Luçon en juillet 1617.

Ce même évêque devint aussi la victime des craintes de Luynes ; soit qu'on le crût capable de donner à la reine des conseils contraires à l'esprit du gouvernement, soit qu'on voulût mortifier la régente, la cour résolut de le retirer de son prieuré de Coussay, en Anjou, où il était relégué, pour l'exiler beaucoup plus loin. Luynes le trouvait trop près de

Blois, lieu de la résidence de Marie de Médicis, pendant qu'on préparait le château de Moulins pour la recevoir. L'évêque, ayant eu avis de ce dessein, s'enfuit dans son évêché de Luçon ; mais il eut ordre d'aller à Avignon, où il resta jusqu'au moment de son rappel.

Richelieu n'était pas né pour goûter la douceur d'une vie tranquille ; son caractère ambitieux ne pouvait connaître l'innocente volupté qui fait le bonheur d'une âme sensible dans la retraite. Dès qu'il apprit que Luynes voulait raccommoder la reine avec son fils, il fit demander au roi la permission d'aller auprès de cette princesse : ce qui lui fut accordé d'autant plus volontiers qu'on avait déjà prévenu Marie de suivre ses conseils ; la cour voulant se servir du ministère de cet évêque pour le retour de Marie, comme elle s'en était servie pour son exil.

Si Marie le vit arriver avec plaisir, il n'eut pas moins de satisfaction en apprenant la confiance qu'elle avait pour ses avis ; et il s'insinua si bien dans l'esprit de cette princesse, qu'il devint son intime confident et le seul dépositaire de ses secrets.

La cour ayant à cœur le raccommodement, passa sur quantité de difficultés, et l'on décida l'entrevue à Tours, où le monarque se rendit. Cependant elle fut retardée par de nouveaux incidents qui furent attribués à Richelieu, dont on soupçonna la droiture, pour avoir conseillé à Marie de Médicis d'aller auparavant prendre possession d'Angers que la cour lui avait accordé.

Mais s'il était de l'intérêt de l'évêque de suspendre l'entrevue, il n'était pas prudent de l'empêcher. Sa politique n'eût pas été satisfaite de rester confident d'une reine exilée. Il n'eut donc garde de faire naître de nouveaux obstacles à celle qui se fit trois mois après, en septembre 1619, aux environs de Tours, où la mère et le fils se donnèrent des marques de la plus parfaite réunion.

Une reine ambitieuse, accoutumée à commander, ne souffre point tranquillement de se voir réduite à la qualité de sujette. Marie ne put envisager sans répugnance le sort qui l'attendait à la suite d'une cour, où elle dépendrait des caprices d'un ministre favori dont les conseils l'avaient déjà perdue dans l'esprit de son fils. Cette réflexion l'empêcha de suivre le roi, et lui fit prendre la résolution de s'en aller à Angers.

Pendant ce temps-là, Luynes, marchant à grands pas sur les traces du maréchal d'Ancre, son prédécesseur, se trouva chargé de la haine publique. Il faisait quantité de mécontents qui se retirèrent, et allèrent offrir leur secours à la reine-mère. Ce favori, voyant un puissant parti se déclarer pour elle et s'augmenter à vue d'œil, crut nécessaire de la faire revenir à quelque prix que ce fût.

De son côté, Marie avait rassemblé un corps de troupes considérable. Se croyant la plus forte et en état de donner la loi, elle faisait naître incident sur incident. Ses irrésolutions déterminèrent l'évêque, qui voulait avancer sa fortune, à s'unir avec Luynes, en lui promettant que, dans peu, la reine serait au pouvoir du roi son fils ; et l'accord fut scellé de la part du favori par la promesse d'un chapeau de cardinal.

Sur la foi de Richelieu, le 7 août 1620, on fit marcher les troupes du roi pour attaquer celles de la reine dans leurs retranchements au Pont-de-Cé. Les retranchements furent forcés, les troupes mises en fuite, et le roi s'empara de la ville[1]. Cet échec affaiblit si fort le parti de la reine Marie de Médicis, qu'elle ne trouva plus d'autre ressource que dans le renouvellement de son accord. Il fut à la vérité des plus avantageux ; elle obtint ce qu'elle voulut.

Celui qui en profita le plus, ce fut l'évêque : le chapeau rouge et l'entrée au conseil devinrent par la suite la récompense de son zèle. Marie sollicitait vivement ces deux grâces pour lui. Elle ne pensait pas que son retour fût le fruit d'une infidélité, terme dont on doit se servir, malgré le service signalé que Richelieu rendit à l'État en réunissant la mère et le fils dont la mésintelligence mettait aux mains la noblesse et l'élite des troupes du royaume. Sans cet artifice, la guerre civile se rallumait de toute part par la fausse gloire d'une princesse impérieuse qui se voyait à regret déchue de l'autorité. Richelieu trouva ce moyen de pacifier tout en forçant la reine de se réconcilier, et le roi s'attira les cœurs en accordant une amnistie générale à ceux du parti de sa mère.

Marie de Médicis fut si contente qu'elle redoubla de confiance pour son ministre, et désira le lier

1. Les troupes au service de Marie furent gagnées par l'évêque de Luçon ; les officiers étaient pour la plupart de ses parents et de ses amis ; Richelieu leur fit entendre que le raccommodement de la reine avec son fils serait un acheminement à leur fortune. Il obtint d'eux qu'ils ne feraient qu'une légère résistance.

étroitement avec le duc de Luynes, union dont elle espérait tirer un parti avantageux, et qui fut cimentée par le mariage du neveu de ce duc avec la nièce de Richelieu[1].

Lorsque les dissensions domestiques furent dissipées, le roi entreprit de bannir l'hérésie de son royaume. Le Béarn, tombé dans l'erreur depuis cinquante ans, fut le premier objet du dessein qu'avait formé Louis XIII de ramener ses sujets sous la même profession de foi. Les protestants tenaient quantité de places considérables qui les rendaient puissants et dangereux; ils avaient donné beaucoup d'inquiétude, et le prince voulait y apporter un prompt remède.

Pour en venir à bout, le roi mit quatre armées sur pied. Le duc d'Épernon fut envoyé avec la première dans le Béarn. Le prince de Condé, rentré en grâce, à la tête d'une autre, passa dans le Berri. Le duc de Mayenne conduisit la troisième dans la haute Guyenne. Ces généraux exécutèrent leurs ordres, soumirent ces provinces et les firent rentrer dans le devoir; et le roi vint, au mois de juin 1621, au siége d'Angely, défendu par Soubise, qui se rendit après cinq à six semaines de tranchée ouverte; ensuite le monarque prit plusieurs places, et s'attacha au siége de Montauban, dont la défense fut si belle, qu'environ trois mois après l'investissement, il fut levé, le 1er novembre 1621, avec perte de beaucoup de monde.

L'épée de connétable paraissait devoir être la

1. M. de Combalet épousa mademoiselle de Vignent.

récompense des services du duc de Lesdiguières [1] ;
mais l'ambitieux Luynes, qui ne pouvait se ras-
sasier des grâces sans nombre dont le roi le com-
blait, n'avait eu garde d'oublier ce qui faisait l'objet
de ses désirs. Malgré son peu de talent pour la
guerre, il avait osé souhaiter et avait obtenu dès le
mois d'avril une place qui ne convenait ni à sa naissance, ni à son mérite, et dont la mort fut le salaire.
L'événement du siége de Montauban, commandé
par ce connétable, où le roi était en personne, fut
attribué à son peu de capacité ; il en tomba malade
de chagrin, et mourut le 21 décembre 1621, sans
être regretté, mais aussi haï que celui qu'il avait
remplacé.

La reine-mère, qui regardait ce connétable comme
son plus grand ennemi, conçut à sa mort des espérances qui ne la trompèrent point. Au mois de juin
1622, le roi lui rendit ses entrées au conseil, qu'elle
désirait avec d'autant plus d'ardeur que ce fut le
seul moyen d'y faire admettre l'évêque, son ministre
et son favori.

La mort du duc de Luynes causa du changement
dans le minisière, sans en apporter dans la résolution
d'affaiblir les protestants ; trop de personnes y étaient
intéressées. Les ministres craignaient de laisser le
roi oisif. Le pape le sollicitait de chasser l'hérésie.
Les ecclésiastiques voyaient avec chagrin leurs biens
entre les mains des huguenots. Les réformés eux-
mêmes y donnaient lieu par leurs assemblées illi-

1. On rendit par la suite justice au duc de Lesdiguières. Il reçut
l'épée de connétable le 29 août 1622.

cites. Tous ces motifs déterminèrent à faire marcher le roi pour les réduire.

Après les avoir soumis, Louis XIII passa par la Provence pour se rendre à Avignon ; il y trouva le duc de Savoie et l'ambassadeur de Venise, avec lesquels il fit une ligue pour reprendre la Valteline sur le roi d'Espagne. Ce prince s'en était rendu maître malgré le traité qu'il avait fait au mois d'août 1621, par lequel il promettait de remettre ce pays aux Grisons, ses anciens maîtres. Philippe, voyant les troubles qui déchiraient le cœur de la France, résolut d'en profiter pour manquer au traité, et se maintenir dans cet État.

D'Avignon, le roi vint à Lyon au mois de décembre 1622 avec toute sa cour et celle du duc de Savoie. Ce fut dans cette ville, au milieu des fêtes les plus brillantes qui se donnèrent à l'occasion du mariage de sa sœur naturelle [1] avec le fils du duc d'Épernon, que le monarque décora Richelieu de la pourpre, en lui remettant le chapeau que Grégoire XV lui avait accordé.

Pour satisfaire la reine-mère, il fallait que son ministre prît place au conseil. C'est à quoi Marie de Médicis travaillait après le retour du roi.

La Vieville, aidé du chancelier Sillery et de Puisieux son fils, secrétaire des affaires étrangères, supplanta le comte de Schomberg, au mois de juin 1623, dans la charge de surintendant des finances. Par la suite, il ne put voir le père et le fils jouir paisible-

1. Gabrielle-Angélique, fille de Henri IV et d'Henriette de Balzac d'Entragues, marquise de Verneuil.

ment de leurs emplois. Cet ingrat et méconnaissant ami les mit si mal dans l'esprit du roi qu'ils furent disgraciés. Aussitôt Marie, ne perdant aucune occasion d'avancer la fortune de Richelieu, saisit celle-ci. Elle força le surintendant La Vieville d'obliger le roi de donner l'entrée du conseil à son favori ; et le 29 avril 1624, ce prince passa chez la reine sa mère lui annoncer cette nouvelle.

Bientôt après, la Vieville paya par sa disgrâce la peine due à celle qu'il avait causée aux Sillery. Il fut enfermé au château d'Amboise aux sollicitations de la reine-mère et de Monsieur, pour avoir conseillé au roi de faire arrêter Ornano, gouverneur de Gaston, son frère, sous prétexte qu'il voulait devenir ministre.

Quand il fut question de régler la place que Richelieu devait occuper au conseil, ce nouveau ministre fit distribuer des mémoires qu'il avait faits en faveur de la préséance que les cardinaux avaient eue de tout temps sur les princes ; et l'on décida qu'il serait assis vis-à-vis le cardinal de la Rochefoucauld, au-dessus du connétable.

Cette action de fermeté, blâmée par les jaloux de sa gloire, ainsi que celle qu'il marqua dans le même temps avec les ambassadeurs d'Angleterre, prouve combien il désirait soutenir l'éclat de la pourpre et les droits de son maître.

Au mois de mai 1624, le roi l'avait nommé commissaire pour régler les articles du mariage d'Henriette-Marie, sa sœur, avec le prince de Galles. Ne voulant pas donner aux ambassadeurs les honneurs qu'ils demandaient, Richelieu contrefit le malade et se tint au lit. Cette feinte dispensa du cérémonial sans empêcher les ambassadeurs et les secrétaires d'État de venir travailler avec lui.

Aussitôt que Richelieu fut dans le ministère, il tourna sa politique pour le service de son roi, pour la grandeur de la France, et pour se soutenir contre les ennemis de sa fortune. Il commença par faire respecter les volontés du maître, redouter sa puissance, et rechercher son alliance.

L'affaire de la Valteline était alors l'objet de l'attention générale. Pour l'intelligence de cet événement, il est bon de reprendre les choses de plus haut.

Cet État, qui communique au Milanais et au Tyrol, appartient aux Grisons. Il est d'une grande commodité pour pénétrer en Italie. Par l'alliance faite avec les Suisses, la France s'était réservé le droit et la faculté d'y faire passer ses troupes à l'exclusion de toute autre puissance, et l'article a été confirmé autant de fois que l'alliance s'est renouvelée [1].

L'Espagne, jalouse d'une telle prédilection, voyant avec regret la communication coupée entre l'Italie et l'Allemagne, imagina de profiter du malheur de la guerre civile, dont la France était désolée sous Louis XIII, pour s'ouvrir une porte si nécessaire à

---

1. Avant François Ier, les Suisses s'engageaient indistinctement avec différentes puissances, selon que leur intérêt l'exigeait. Après la fameuse bataille de Marignan gagnée par ce prince le 13 octobre 1515, où dix mille des leurs restèrent sur la place, ils recherchèrent l'alliance de la France, et ce monarque fit avec eux un traité, par lequel ils promettent de s'attacher à cette couronne. En 1549, Henri II la renouvela. Henri IV reçut magnifiquement leurs ambassadeurs en 1602, et Louis XIV confirma cette alliance en 1646, avec promesse de les soutenir contre les princes étrangers.

ses intérêts. Pour cet effet, lorsqu'elle sut que le parti protestant de la Valteline s'était engagé de livrer passage aux troupes de la république de Venise, alliée de la France, elle se tourna du côté du parti catholique de qui elle obtint la même permission. Par ce moyen, elle sema une grande division entre les protestants et les catholiques de cet État, dont Feria, gouverneur du Milanais, sut se servir en 1620 pour s'emparer de ce pays au nom de son maître.

Une entreprise aussi marquée intéressait trop de puissances, pour la voir tranquillement. Louis XIII envoya Bassompierre en Espagne avec ordre de demander raison de ce procédé.

Sur ces entrefaites, le roi d'Espagne mourut. Philippe IV, son successeur, paraissant vouloir donner des marques d'une parfaite intelligence avec Louis XIII, son beau-frère, fit à son ambassadeur toutes les satisfactions désirées. Il promit de rétablir la Valteline sur l'ancien pied ; cette promesse fut scellée à Madrid par un traité signé au mois d'avril 1621, par le roi d'Espagne, et par Bassompierre au nom du roi de France.

La bonne disposition de Philippe ne dura pas. L'acharnement avec lequel il voyait les Français animés les uns contre les autres, lui fit naître l'idée de se dispenser de remplir ses engagements. Ce manque de bonne foi fut cause que Louis XIII après avoir accordé la paix aux réformés, fit le voyage d'Avignon, au mois de novembre 1622, pour former le projet d'une ligue avec le duc de Savoie et le sénat de Venise, tendant à chasser l'Espagnol de la Valteline. Elle fut signée le 7 février 1623, et portait que l'armée des confédérés serait de quarante mille hommes.

Philippe en fut effrayé. Pour détourner ces grands préparatifs, il eut recours à la ruse. Il proposa au pape Grégoire XV son ami, de se charger des forts dont il s'était emparé dans le pays des Grisons, et d'engager le roi de France ainsi que les autres puissances, à consentir qu'il en fût dépositaire et séquestre. La faiblesse du gouvernement français ne fit aucune résistance aux sollicitations de Grégoire. On accorda ses demandes, et le Saint-Père envoya son frère, le duc de Fano, prendre possesion des forts en son nom, en avril 1623.

L'affaire resta en suspens jusqu'au milieu de 1624, qu'elle fut renouée avec Urbain VIII, successeur de Grégoire XV. La cour alors pressa vivement le nouveau pape de donner une décision que devait son prédécesseur. Urbain, fâché d'être chargé d'une médiation dont il voyait l'issue funeste pour l'Espagne, crut bien faire en proposant aux ambassadeurs des deux puissances de signer un acte par lequel elles auraient toutes deux la liberté de faire passer leurs troupes dans le pays des Grisons; et pour le rendre authentique, il voulut le couvrir du voile de la religion; prétendant que la catholicité ne pouvait se soutenir dans ce pays, si les deux puissances ne jouissaient de la même prérogative.

Richelieu venait d'entrer dans le ministère. S'appuyant sur la disgrâce des Sillery et de la Vieville, il résolut de fixer l'incertitude du gouvernement. Ces infortunés, victimes de la jalousie, et non de la cupidité (car malgré ce qu'on fit pour les rendre coupables, jamais on ne put les accuser de malversation), ces infortunés, dis-je, lui cédèrent la place dans la confiance de Louis XIII, qu'il sut rendre égale à celle que ce monarque avait pour ses favoris. Son premier acte d'autorité fut d'imprimer aux ennemis de la France autant de crainte et de respect, qu'il donnait de désir de se lier avec elle.

Le ministre, peu inquiet des projets du pape, envoya au mois d'août l'ordre à Béthune, ambassadeur à Rome, de déclarer à Sa Sainteté que le roi voulait la décision de l'affaire de la Valteline, autrement qu'il se ferait justice par la voie des armes. En même temps, on fit passer le marquis de Cœuvres [1] chez les Suisses pour leur annoncer la résolution où l'on était d'employer toute sorte de moyens, afin de faire restituer ce pays à ses maîtres, et pour lever des troupes prêtes à marcher au premier commandement.

Le marquis de Cœuvres, à la tête de celles qu'il avait engagées, profita de la négligence des Espagnols. Ce général entra dans la Valteline sans trouver de résistance; et en moins de quatre mois, il se rendit maître de la plus grande partie de ce pays.

Les vues du cardinal ministre étaient différentes de celles de ses prédécesseurs. Ceux-ci ne songeaient qu'à l'établissement de leur fortune ; Richelieu au contraire ne connaissait point de bornes à son ambition. Commander et se faire obéir, étaient deux principes sur lesquels il appuyait le plan de son système politique. Loin de s'en écarter, il mettait en œuvre

1. Depuis maréchal d'Estrées.

les ressources les plus extraordinaires pour l'affermir. La dissimulation et la sévérité furent des compagnes fidèles, toujours prêtes à seconder ses volontés.

Pour relever l'éclat du gouvernement que la faiblesse d'un roi timide, et la cupidité des grands ternissaient, Richelieu entreprit, d'en détruire les abus, et d'en changer la forme. Son grand génie lui fit entrevoir des difficultés presqu'insurmontables; mais son courage sut vaincre tout obstacle.

Le premier pas qu'il fit vers l'autorité fut de s'emparer de la confiance de Louis XIII. Ce prince brave, doux, pieux et chaste, dont l'esprit incertain donnait un trop facile accès aux impressions de ses favoris, était en même temps timide, irrésolu, et par cela même peu propre à gouverner.

Lorsque le cardinal se fut rendu maître de son esprit, il ne lui fut pas difficile de s'emparer de l'autorité. Les qualités royales qui manquaient à ce prince causaient des dissensions et des troubles, qui déchiraient le royaume. Il fallait un ministre en état de lui tracer le chemin du gouvernement. Louis XIII asservi aux caprices de favoris indignes d'occuper ce poste, rampait sous leur volonté. Richelieu fut le seul qui osa le tirer de sa léthargie, et lui faire connaître comment il fallait régner. Il est vrai qu'il se servit de voies extraordinaires; mais il avait affaire à des esprits qui cabalaient sans cesse et qui, outrés de se voir réduits, n'envisageaient d'autre ressource que celle de faire éclater leur haine et leur envie.

Rien n'effraya le ministre. Malgré les conspirations fréquentes et successives des plus proches de la couronne et des grands du royaume, contre sa personne, soit parce qu'il ne cessait de représenter à son maître qu'il devait être roi, soit par jalousie et animosité personnelle, sa politique sut vaincre toute cabale. Son adresse à découvrir les complots, sa fermeté à punir les rebelles et ses ennemis, la prison, l'échafaud, furent les moyens qu'il mit en usage, pour éteindre un feu qu'allumait la haine qu'on avait contre lui; à la vérité sa gloire pouvait en souffrir, mais son ambition sut le consoler et l'en dédommager.

Ce fut au commencement de 1624, que Richelieu se vit appelé au ministère. Le royaume était, comme il l'annonce[1] lui-même, dans la plus grande confusion. « L'autorité royale est méconnue, dit-il au roi, le gouvernement avili, le bien public oublié, la guerre civile allumée; enfin, tout est dans un désordre qui doit faire gémir et trembler Votre Majesté, et couvrir de honte et de confusion vos ministres. Si mon attachement à la personne sacrée de Votre Majesté, si mon zèle pour son service étaient capables de m'attirer sa confiance, je puis lui promettre d'employer le pouvoir qu'elle aurait la bonté de m'accorder pour ramener ses sujets à l'obéissance, et je suis assuré de rétablir ses droits et son autorité. »

Louis XIII alarmé de voir le mauvais état de ses affaires, livra sa confiance à un ministre dont il pénétrait les grandes vues pour le bien de son État, et pour l'affermissement de sa couronne.

Richelieu commença alors par se faire des créatures. Pour cet effet, il distribua des places impor-

1. Testament politique.

tantes à ses parents et à ses intimes, en exigeant d'eux, et même de ses domestiques, un dévouement entier pour sa personne à l'exclusion de tout autre.

Plusieurs affaires intéressantes et difficiles à terminer occupaient en même temps le ministère.

Celle de la Valteline ne finissait pas. Le pape Urbain VIII se crut offensé de ce que le roi refusait sa médiation.

Les protestants qui voyaient les troupes hors du royaume, conçurent l'espérance de forcer la cour d'exécuter le traité de Montpellier.

Louis XIII, de concert avec le duc de Savoie, avait entrepris la guerre contre la république de Gênes, unie avec l'Espagne.

Retraçons sommairement l'état de ces trois affaires, et la manière dont Richelieu sut les finir, ou du moins les suspendre pour affermir l'autorité de son maître et la sienne.

Urbain VIII avait des vues sur la Valteline. Le nonce Spada ne put le dissimuler au cardinal, dans une conversation qu'ils eurent au commencement de 1625, où ce ministre lui fit connaître que le dessein du roi était de porter ses armes en Italie, d'y faire la conquête de Naples, et de donner au pape la moitié de ce royaume. « Le roi fera un présent bien plus agréable à sa Sainteté, répondit Spada, si Sa Majesté veut lui laisser ce qu'elle possède dans la Valteline. »

Au mois de mai de cette année, le pape envoya en France le cardinal Barberin, son neveu, avec le titre de *légat à latere* pour négocier la paix entre la république de Gênes et le duc de Savoie, à qui le roi fournissait de grands secours, et surtout pour travailler à l'affaire de la Valteline. Quelles que fussent les sollicitations et les plaintes de ce légat, il ne put rien obtenir : le cardinal se renferma dans deux points dont il ne se départit jamais : que le roi soutiendrait toujours ses alliés ; et qu'il voulait voir les Grisons ses amis rentrer dans leurs droits. La fermeté du ministre français fut cause que Barberin s'en retourna presqu'au moment qu'il était venu.

Il restait encore au pape des amis qui secondaient ses intentions. Le nonce et le cardinal de Sourdis entièrement dévoués à ses intérêts, agirent avec vigueur selon ses vues.

Le premier, fier de l'échec que le marquis de Cœuvres venait de recevoir dans la Valteline, dont il avait pensé être chassé, parla haut. Il n'avait pas encore eu connaissance, non plus que le ministère, du secours que les Vénitiens avaient envoyé à ce général, avec lequel il reprit en peu de temps sur les Espagnols ce qu'ils lui avaient enlevé, et les chassa de cet État.

Le cardinal de Sourdis, au moins aussi ardent que le nonce, fit un discours très-vif dans l'assemblée des notables qui se tint à Fontainebleau au mois de septembre 1625, où il représenta qu'on devait donner satisfaction au Saint-Père en lui accordant une suspension d'armes, et en travaillant à la paix suivant ses désirs.

Richelieu ne put entendre tranquillement un discours qui tendait à humilier le roi. Il le réfuta avec tant d'évidence, qu'il força l'assemblée de se rendre à ses raisons et à ses principes. La fidélité que Louis devait à ses alliés, la situation heureuse où se trouvait le pays des Grisons depuis que le marquis de Cœuvres l'avait reconquis, la honte qui rejaillirait sur le plus grand roi de l'Europe, s'il écoutait des propositions désavantageuses, dans un temps surtout où il était en droit de dicter des conditions favorables au bien de ses amis, furent tous motifs auxquels le ministre s'arrêta pour détruire un sentiment si contraire au bien de sa patrie.

Le cardinal de Richelieu (car depuis son entrée au conseil, Louis XIII lui avait donné sa confiance, et ce fut lui qui gouverna sous le nom de son maître), ce ministre, dis-je, craignant que le marquis de Cœuvres ne reçût un second échec, fit prévenir les Suisses de s'unir au traité que le roi avait fait avec le duc de Savoie et la république de Venise. Il leur envoya au mois de janvier 1626, un ambassadeur avec ordre de leur représenter les vues injustes de l'Espagne, la nécessité de secourir les Grisons leurs amis, et le désir qu'avait le roi d'abaisser l'orgueil de la maison d'Autriche. L'ambassade fit son effet. Le corps helvétique, plein de bon sens, approuva les raisons du maréchal de Bassompierre, et les Suisses furent à la dévotion de la France.

Mais l'intérêt du ministre était d'affermir son autorité naissante, et il ne pouvait y parvenir tant qu'il aurait la guerre. C'est ce qui le détermina, après avoir mis les affaires en état de les reprendre avec avantage, à chercher les moyens de faire la paix, pour ensuite porter aux ennemis de l'État et aux siens, des coups d'autant plus assurés, qu'ils étaient inattendus.

Il fit donc insinuer au roi d'Espagne que Louis écouterait volontiers ses propositions si elles étaient

convenables, et telles que la situation présente le demandait : et pour forcer Philippe d'entrer dans ses
vues ; il lui fit dire que la paix était faite dans l'intérieur du royaume. Effectivement on l'avait accor-
dée aux réformés.

Il était cependant difficile d'entrer en négociation
ouverte. Le roi avait des alliés intéressés à contenir
l'ambition espagnole, et le duc de Savoie n'aurait
jamais consenti de plein gré à une paix qui ne
pouvait qu'augmenter ses craintes, (si Charles-Emmanuel faisait des projets d'agrandissement, la maison d'Autriche dans les siens n'avait garde d'oublier
d'y faire entrer les États de ce prince). Les Vénitiens
avaient le même intérêt de donner assez d'occupa-
tion à cette puissance, maîtresse de la plus grande
partie de l'Italie, pour l'empêcher de tourner ses
armes contre leur république. Les Suisses de leur
côté n'auraient su que penser de la conduite de la
France qui venait de solliciter solennellement leur
secours contre l'Espagne.

La validité de ces raisons d'un côté, et la crainte
de perdre le moment favorable de l'autre, déterminèrent le cardinal à faire un accommodement secret.
Au mois d'avril 1626, à l'insu du roi, il fit avec
l'Espagne une paix très-avantageuse, dont les principaux articles étaient que la Valteline serait rendue
aux Grisons ; que la religion romaine y serait seule
exercée ; et que la France aurait droit d'y faire passer
ses troupes sans qu'aucune autre puissance pût pré-
tendre au même privilége.

L'embarras était d'éviter les reproches du monarque lorsqu'il apprendrait la conclusion du traité

fait sans son ordre. La disgrâce du cardinal et celle
de l'ambassadeur du Fergis, à qui ce ministre avait
mandé de n'en rien écrire en cour avant qu'il fût
signé, eussent été le moindre prix de leur hardiesse.
Rempli d'inquiétude, Richelieu eut recours à la
reine-mère. Il lui communiqua son projet, et lui fit
si bien sentir l'importance de la conclusion, que cette
princesse se chargea de l'événement de l'intrigue.

Effectivement, Louis XIII ne put s'empêcher de
témoigner sa surprise et son indignation, en rece-
vant le traité, signé par son ambassadeur et par le
ministre d'Espagne. Dans les premiers transports de
sa colère, le roi voulut tout désavouer : mais lorsqu'on lui eut fait connaître l'avantage qu'il en retirait, il envoya ordre à du Fergis de faire ajouter
quelques articles au traité, qu'à cette condition il
signerait. Ensuite, on dépêcha à Venise et en Suisse
pour le faire agréer ; et la cour apaisa la colère du
duc de Savoie par la promesse de titres chimériques
dont on flatta sa vanité [1].

C'est ainsi que Richelieu se servit d'une nouvelle ruse pour asseoir les fondements de ses idées
politiques, dont l'exécution tendait à relever l'éclat
du trône.

Passons à l'histoire de la guerre contre les protestants.

La paix qui mit fin à la première guerre de religion se fit vers le mois d'octobre 1622, lors de la
prise de Montpellier. Par le traité, on avait promis

---

1. On promit au duc de Savoie de le faire reconnaître roi de
Chypre.

de faire démolir le fort Louis, situé à un ou deux milles de la Rochelle. Il en incommodait les habitants, et troublait la communication de la mer. Après beaucoup de sollicitations de leur part, et autant de remises de celle de la cour, les protestants prirent le parti de se faire justice.

Le duc de Rohan, et Soubise leurs chefs, piqués de voir que depuis plusieurs années leur demande était infructueuse, entreprirent la guerre civile. L'hostilité commença par Soubise; il était l'amiral du parti huguenot, et le duc de Rohan son frère en était le connétable. Le premier eut la hardiesse d'attaquer sept vaisseaux du roi qui venaient le bloquer, et d'en emmener six malgré le feu dont le fort Louis le salua. Il voulut ensuite assiéger ce fort; mais le secours qu'on envoya à propos déconcerta ses desseins, et le fit retirer.

Les révoltes perpétuelles des protestants, la Valteline reprise par Feria sur le marquis de Cœuvres, les troupes que Louis XIII fournissait au duc de Savoie, formaient des engagements critiques pour la France.

A ces considérations se joignit ce duc qui craignant de ne pouvoir avancer ses conquêtes, si Louis retirait ses secours, ne cessait de demander grâce pour les réformés.

On se rendit à sa prière. La cour fit des propositions avantageuses à Rohan et à Soubise, avec promesse de faire démolir le fort Louis, si tôt que les Rochelais auraient rasé les fortifications qu'ils venaient de faire dans les îles de Ré et d'Oléron.

Si les protestants avaient entendu leur intérêt, ils

auraient profité de la circonstance ; mais la division était dans ce parti, et plusieurs villes refusèrent de s'unir. Cet inconvénient n'arrêta pas les deux frères. Enflés de leurs succès, et comptant trop sur leurs forces, ils ne voulurent entendre aucunes propositions sans l'exécution du traité de Montpellier.

Alors le roi décida de continuer la guerre, et de les réduire par la voie des armes. Au mois de juillet 1625, le duc d'Épernon et le maréchal de Thémines, reçurent ordre de les aller combattre, et ces généraux les suivirent de si près, qu'ils furent battus et vaincus.

Cependant, le désir d'avoir la paix porta encore la cour à leur accorder de nouvelles conditions. On leur laissait pendant trois ans les places de sûreté dont ils étaient en possession. On promettait la démolition du fort Louis six mois après le traité conclu, et l'on donnait de l'argent aux deux frères pour les frais de la guerre, à condition qu'ils rendraient les vaisseaux dont ils s'étaient emparés.

Ce sont les principaux articles que le cardinal demandait en leur faveur : mais ils refusèrent tout, si le fort Louis n'était démoli. Leur courage se relevait à la moindre espérance : ils apprirent que Soubise venait de remporter un avantage sur mer, ils crurent qu'ils allaient faire la loi.

Voyant leur entêtement, on ne les ménagea plus, et la guerre recommença avec plus de rigueur. La flotte du roi, jointe à une escadre hollandaise, et commandée par le duc de Montmorency, amiral de France, battit plusieurs fois celles des réformés ; et Toiras, gouverneur du fort Louis, fit une descente si à pro-

pos dans l'île de Ré, qu'il en chassa Soubise, et le
força de s'enfuir en Angleterre. Les îles de Ré et
d'Oléron furent soumises au vainqueur, tandis que
la Rochelle resta bloquée par le maréchal de Thémines.

Les protestants consternés prirent le parti de la
soumission; ils envoyèrent des députés se jeter aux
pieds du roi dans la résolution d'accepter toute condition, même la plus dure, lorsque Soubise leur fit
savoir qu'il avait sollicité auprès du roi d'Angleterre
du secours en leur faveur.

La nouvelle fit renaître leurs espérances. Ils
s'unirent cette fois pour soutenir les intérêts de la
Rochelle, et ses priviléges que la cour avait à cœur
de diminuer. Cette union fut leur salut. S'ils avaient
toujours pensé de même, ils auraient donné beaucoup d'inquiétude. La marine était dans un si grand
oubli, que pour la moindre expédition, on était
obligé de louer des vaisseaux.

Quoique le mauvais état où se trouvait la marine,
fît pencher pour la paix, il paraît qu'elle fut accor-
dée aux sollicitations des puissances intéressées à
réprimer l'ambition de la maison d'Autriche.

Lorsque Bassompierre passa chez les Suisses,
Richelieu leur fit entendre par cet ambassadeur, que
le roi voulait entreprendre d'abaisser cette puissance.
Elle était formidable dans l'Empire et dans l'Espagne :
elle aspirait même à mettre entre ses mains la monarchie universelle. Il était de l'intérêt de l'Europe
d'empêcher la réussite d'un dessein qui tendait à
l'opprimer. Le projet d'en arrêter le progrès faisait
partie des grandes vues du cardinal-ministre : mais

le temps de le faire éclore n'était pas encore arrivé.

Cet habile politique voyant le désir des puissances étrangères d'engager le roi de mettre fin aux troubles du royaume, afin de réunir leurs forces contre la puissance autrichienne, se servit de leur ministère pour faire accorder aux réformés une paix qu'il ne se souciait lui-même d'observer, qu'autant de temps qu'elle serait nécessaire pour affermir son autorité. Elle fut conclue en février 1626, à peu près dans le même temps que celle d'Espagne.

Sitôt qu'elle fut annoncée, un murmure général succéda à l'étonnement. Les réformés aux abois demandant grâce étaient prêts de recevoir telle condition qu'il aurait plu au roi leur imposer. Ne pouvant comprendre comment au lieu de les réduire on leur donnait le temps de se relever, on s'emporta en invectives contre Richelieu. Il fut accusé d'être l'auteur du traité, et taxé d'irréligion ; mais ce ministre, peu inquiet des propos publics, se réserva la faculté de dévoiler ses desseins quand il en serait temps. Il avait déjà prévenu le roi qu'il fallait porter toute son attention sur la maison d'Autriche pour l'empêcher de se rendre maîtresse de l'Italie où elle n'était déjà que trop puissante. C'est ce qui le détermina à faire la paix avec l'Espagne jusqu'au moment où il mit fin à la seconde guerre de religion.

Revenons aux entreprises du duc de Savoie contre la république de Gênes, lorsqu'il se trouva aidé des secours de la France.

Les seigneurs Carretti avaient anciennement vendu à Charles-Emmanuel, duc de Savoie, le marquisat de Zuccarello, fief impérial, situé sur les

confins du Piémont et de la Ligurie. L'empereur, par
une sentence du 10 décembre 1622, le fit réunir à
l'Empire; et en vertu de cette sentence, ce prince
le céda aux Génois, ses amis. Ceux-ci qui soutenaient que ce fief dépendant de l'Empire, ne pouvait
être aliéné par d'autres que par l'empereur, s'oppo-
sèrent au dessein qu'avait le duc d'en prendre possession. Aussitôt la cour de France, qui ne manquait
aucune occasion de mortifier la maison d'Autriche,
embrassa avec chaleur le parti de Charles-Emmanuel.

Voilà la source de la guerre que la France et le
Piémont faisaient à la république de Gênes dans le
même temps que le roi portait ses armes dans la
Valteline, et qu'il était encore occupé dans son
royaume à réduire les protestants.

Indépendamment de la ligue signée entre le roi
de France, le duc de Savoie, et le sénat de Venise,
pour chasser l'Espagnol des États usurpés sur les
Grisons, Louis XIII avait encore fait un traité avec
le duc de Savoie, par lequel il s'engageait de lui
donner une certaine quantité de troupes pour seconder
ses desseins sur les États de Gênes; et voulant remplir ses engagements, le roi ordonna à Lesdiguières
devenu connétable après la mort du duc de Luynes,
de passer en Piémont avec douze mille hommes.

Sitôt que le connétable fut arrivé, le duc de
Savoie, sur une prétendue vengeance qu'il voulait
tirer du duc de Mantoue, dont il disait avoir lieu de
se plaindre, décida qu'il fallait entrer dans l'État de
la république par le mont Ferrat; mais Lesdiguières
s'y opposait de tout son pouvoir, et proposait avec
raison de commencer par attaquer Savone. Cependant

il fut obligé de céder, et de suivre la volonté du duc selon l'ordre qu'il en avait reçu de la cour.

Lesdiguières marcha donc à la tête de l'avant-garde, avec son intrépidité naturelle, et fraya la route en forçant tout ce qui lui résistait.

Dès qu'on fut entré dans les États de Gênes, le duc et lui s'emparèrent des places qu'ils trouvèrent sur leur passage. Ils s'acheminèrent ensuite vers la capitale, dont Emmanuel espérait se rendre maître par les intelligences qu'il comptait avoir dans la ville, mais le secret fut éventé, et un secours d'hommes et d'argent envoyé à propos par l'Espagne délivra la ville de Gênes du péril où elle était.

Le commencement de cette guerre fut très-brillant. Rien ne résistait à l'armée victorieuse. Tout pliait devant elle, et semblait devoir lui être soumis. La fortune en décida autrement, et ne seconda pas les projets du duc de Savoie. Les Génois, aidés des secours de l'Espagne, reprirent courage, et chassèrent en peu de temps le duc de leurs terres. Non-seulement, il perdit ce qu'il avait pris sur eux; il fut encore obligé d'accourir promptement en Piémont pour défendre les places qu'ils y vinrent assiéger [1].

Le connétable voyant ce désordre, résolut de sauver le reste de l'armée, et marqua sa retraite à Asti. Il envoya rappeler le maréchal d'Arqui son

---

1. Le duc Charles-Emmanuel se trouva trop heureux de faire une trêve, par laquelle il fut convenu que les deux puissances garderaient ce qu'elles avaient pris. Vers la fin de l'année 1631, Victor-Amédée, son fils, se raccommoda avec les Génois, en leur faisant abandon de ses droits sur le fief de Zuccarello pour soixante mille écus d'or, au moyen de quoi il rentra en possession de ses États.

gendre, qui marchait du côté de Savone avec le
prince de Piémont. Lorsqu'ils furent de retour, ce
prince eut ordre de partir avec l'artillerie, et Lesdiguières le suivit le lendemain avec la cavalerie.

Ce guerrier s'était ouvert le passage à la tête de
l'avant-garde. Tout octogénaire qu'il était, il voulut
encore commander l'arrière-garde, et la fermer.
L'armée marcha pendant trois jours, ayant à gauche
ses bagages, et l'armée d'Espagne toute fraîche et
plus nombreuse, à droite, environ à un mille ; et ce
vieillard couvert de gloire, eut l'avantage de faire
entrer le dernier soldat devant lui dans Asti, sans
avoir essuyé le moindre échec.

Les affaires étaient dans cette position, lorsque
le cardinal s'empara de l'autorité, et c'est de cette
époque que je pars pour suivre les événements de sa
vie.

Les grands desseins de Richelieu étaient de
relever l'éclat de la couronne, d'abaisser la maison
d'Autriche, et de se maintenir dans le poste où son
heureux génie l'avait placé. Pour réussir, il fallait
ramener tous les sujets sous l'aile du trône, susciter
une guerre continuelle à l'empereur et à l'Espagne,
découvrir et arrêter les complots qui se tramaient
contre sa personne. La destruction de l'hérésie, la
guerre portée au sein de l'Italie, et la sévérité des
punitions, furent les ressources que son esprit lui
suggéra.

On regarde ce ministre comme un grand génie,
d'une politique consommée ; mais on lui reproche
d'avoir été trop ambitieux, dissimulé, vindicatif,
cruel, et surtout de n'avoir jamais su pardonner.

N'étant point son apologiste, j'abandonne sa défense à une meilleure plume : en simple historien, je retrace des faits qui se sont passés sous un règne tumultueux ; et je laisse au public équitable à décider si le cardinal a suivi les mouvements de son penchant naturel, ou si les malheurs des temps l'ont forcé d'user de la sévérité dont on l'accuse.

Par sa dissimulation, il découvrit les secrets des grands. Sa politique et sa vengeance arrêtèrent l'effet des conspirations. Sa fermeté releva l'autorité royale. Il mit la France dans son plus grand lustre. Son ambition l'éleva à la suprême grandeur. Dans sa nation, à la vérité, il était haï, mais craint et respecté. Chez l'étranger, il causait la plus grande admiration. Enfin, il était plus que le roi ; s'il eût connu le pardon, qu'aurait-il donc été [1] ?

Sous le règne de Louis XIII, on n'entrait point dans le ministère sans être exposé à tout ce que la jalousie pouvait susciter d'ennemis. On ne doit donc

---

1. On ne doit pas oublier l'accueil que fit à la mémoire de Richelieu, Pierre 1er, czar de Russie. Ce grand prince, nouveau législateur dans le nord, parcourant les cours de l'Europe pour apprendre à policer une nation sauvage et barbare, dont il était le chef, vint chercher dans celle du successeur de Louis XIV, cette politesse et cette urbanité qui excitent l'envie et l'émulation de toutes les autres.

Lorsqu'il alla visiter la Sorbonne où Richelieu repose comme restaurateur de cette maison, il n'eut pas aperçu le superbe mausolée, digne du ciseau de Girardon, que se précipitant pour embrasser l'effigie du cardinal, ce prince s'écria avec transport : « Ah ! grand homme, grand homme, si tu étais vivant, je te donnerais la moitié de mon royaume pour apprendre de toi à gouverner l'autre. »

Cette anecdote quoique rapportée par plusieurs auteurs, est trop belle pour la passer sous silence.

point s'étonner du nombre que trouva Richelieu.

La première conspiration qu'il découvrit fut formée par Monsieur vers la fin de 1626. La haine que Gaston, frère du roi, lui portait, venait de celle que le ministre avait lui-même contre Ornano, gouverneur, conseil et favori de ce prince, parce qu'il avait marqué du mépris pour les offres de services et d'amitié que le cardinal lui avait fait proposer.

Ce fut à l'occasion du mariage de Monsieur avec la princesse de Montpensier. Henri IV l'avait projeté. La reine Marie de Médicis et le cardinal de Richelieu en désiraient la conclusion : mais Louis XIII et Gaston son frère s'en éloignaient par des motifs bien différents. Le duc d'Anjou, par une simple prévention qu'on lui avait inspirée ; le roi, par jalousie. Louis n'avait point d'enfants ; craignant que son frère, s'il se mariait, ne devînt trop puissant, il donna ordre au gouverneur de Gaston de le détourner du goût qu'il pouvait prendre pour Mademoiselle. Richelieu, ignorant les craintes du roi, faisait des avances au maréchal Ornano dans le dessein de l'engager à porter Monsieur à conclure ; mais Ornano les rejetait avec hauteur.

Quelques autres prétendent que ce consentement si subit de la part du roi fut l'effet d'une peur que lui fit le cardinal. Il s'imagina, dit-on, de lui faire accroire qu'on avait formé le dessein de l'enfermer dans un cloître, et de mettre Gaston sur le trône en lui faisant épouser la reine Anne d'Autriche.

Cependant le mariage se fit peu de temps après, de l'aveu même du roi, dont la crainte cessa sans détruire la jalousie ; et Louis XIII fit présent à son frère des duchés d'Orléans, de Chartres, et du comté de Blois.

Ce fut au commencement du mois d'août que les inquiétudes du roi se dissipèrent. L'année suivante, la duchesse d'Orléans mourut en couche après avoir mis au monde une princesse [1], et par la suite, la reine Anne d'Autriche donna deux princes à la France.

Avant le mariage de Monsieur, le roi lui avait accordé l'entrée au conseil. Ornano désirait y être admis ; mais le cardinal, qui n'avait pas oublié le ton méprisant avec lequel ce maréchal avait reçu ses offres, s'y opposa de tout son pouvoir, et tourna l'esprit du roi de façon qu'il fut refusé. Ornano s'en vengea par des déclamations trop fortes, et peu mesurées pour lesquelles il fut mis à Vincennes, où il mourut peu de temps après.

Monsieur, outré de ce procédé, en accusa le cardinal, et jura sa perte. Ce prince se lia avec plusieurs seigneurs ennemis du ministre, et dans le conseil qu'ils tinrent, il fut résolu que sous prétexte d'une partie de plaisir, on irait dîner à Fleury près Fontainebleau, maison du cardinal où il était, et qu'on l'assassinerait chez lui. Le ministre, instruit du projet, détourna le coup habilement. Il fit avertir le roi et la reine-mère du danger qu'il courait. Sur-le-champ on lui envoya du secours, et lorsque les gens de Gaston vinrent préparer les logis, Richelieu, faisant

1. Mademoiselle, cousine de Louis XIV. Cette princesse, lors des barricades de Paris, monta sur la plate forme de la Bastille, et mit elle-même le feu aux canons braqués contre l'armée de Louis-le-Grand, où il était en personne. Ce monarque eut bien de la peine à lui pardonner par la suite.

mine d'ignorer le complot, partit pour Fontainebleau, et se rendit au lever de Monsieur à qui il offrit sa maison, en lui faisant des reproches de ce que n'étant pas prévenu, ce prince le privait de l'honneur de le recevoir.

Le comte de Chalais un des conjurés, maître de la garde-robe du roi, rendit au ministre l'important service de l'avertir ; ce jeune homme fit confidence de la conspiration au commandeur de Valencé son ami, qui le força d'aller tout découvrir pour obtenir son pardon. En faveur de l'aveu, le ministre lui fit grâce.

Cependant, quelque temps après, ce même Chalais fut la première victime immolée au ressentiment de Richelieu. Il porta sa tête sur l'échafaud ; non pour avoir été un des conjurés, mais parce qu'à la sollicitaion de la duchesse de Chevreuse il avait renoué cette conspiration qui ne fut assoupie que par sa mort, par l'exil de la duchesse, et par l'emprisonnement des deux frères, le duc de Vendôme et le grand-prieur au château d'Amboise.

Sitôt que le roi apprit le malheur auquel le cardinal venait d'échapper, il lui permit de se faire escorter ; et c'est de ce moment qu'il eut des gardes.

La peur qu'on prétend avoir été faite au monarque par le cardinal n'était pas l'effet de l'imagination de ce ministre. C'était une vérité trop constante qu'il découvrit par adresse. Il était question de le faire périr, le roi avec lui, et de mettre Gaston sur le trône en lui faissant épouser la reine sa belle-sœur.

Voici le moyen qu'il employa pour découvrir cette conspiration :

Ayant eu avis qu'il se tramait quelque complot à Bruxelles, Richelieu chargea un homme affidé d'y aller épier les actions de madame de Chevreuse, femme intrigante, dangereuse par son esprit et par ses manières insinuantes. Elle s'était retirée dans cette ville après avoir été chassée de la cour pour avoir donné de mauvais conseils à la reine, dont elle avait captivé l'amitié.

L'homme à la dévotion du ministre, partit déguisé en capucin, avec des lettres de recommandation pour le gardien du couvent de Bruxelles, où il se rendit.

Le marquis de Laigues, un des amis de madame de Chevreuse, crut trouver dans le faux moine quelqu'un propre à le servir. Il lui proposa de repasser en France, et de porter un paquet adressé à un nommé la Pierre, autrefois domestique du comte de Chalais.

Le prétendu capucin, feignant d'être malade, obtint de son gardien la permission d'aller aux eaux de Forges ; et sitôt qu'il y fut arrivé, il envoya le paquet au cardinal qui, après en avoir pris communication, le recacheta et le renvoya par le même courrier pour le faire tenir à son adresse, avec ordre de lui faire passer la réponse.

Ce fut par cette réponse écrite de la main du comte de Chalais, que Richelieu découvrit l'intrigue et ses auteurs.

Cependant Monsieur voulut se raccommoder avec lui : il alla le trouver, et la réconciliation parut sincère ; mais ce prince (dont l'esprit encore plus chancelant que celui de Louis XIII faisait plus de mal à l'Etat par ses révoltes continuelles, que les ennemis de la France) s'engagea bientôt dans de nouvelles intrigues qui l'obligèrent plus d'une fois de quitter la cour, et de prendre les armes contre son roi. Son mariage avait mis dans son alliance quantité d'ennemis du ministre qui ne cessaient de lui inspirer leur haine.

La conspiration qu'avait formée Monsieur étant éteinte par l'exil, la mort et l'emprisonnement des conjurés, le cardinal songea sérieusement à l'abaissement de la maison d'Autriche. Il ne pouvait pourtant entreprendre l'exécution d'un si grand projet, sans avoir apaisé le reste des troubles intérieurs que causaient encore la licence des grands et l'audace des réformés.

La ville de la Rochelle qu'on regardait comme le siége de l'hérésie, renfermait l'élite des protestants dont le pouvoir était à craindre, et devenait un obstacle aux vues du ministre tant qu'elle serait dans leurs mains.

Les grands seigneurs possédaient des places fortes dans lesquelles ils mettaient garnison. C'était autant de souverains qui se faisaient la guerre, et souvent ils prenaient les armes contre leur maître.

Anciennement, quand un seigneur avait une querelle, il assemblait ses vassaux, et déclarait la guerre dans les formes à son ennemi. S'il n'était pas assez fort, il faisait un traité d'alliance avec un ou deux de ses voisins. On a vu des rois faire de pareils traités avec partie de leurs sujets, comme avec leurs égaux, pour venir les aider à réduire les autres. Ces temps de barbarie n'étaient pas encore tout à fait oubliés.

Pour remédier aux abus, le cardinal porta Louis XIII à convoquer une assemblée de notables, où il

fut arrêté de déclarer la guerre aux protestants, et
d'attaquer la Rochelle; d'abolir, ou au moins de diminuer les pensions exorbitantes que la cour faisait
aux grands seigneurs ; de raser les fortifications des
places, excepté celles qu'on jugerait nécessaires pour
la défense du royaume, et de faire rentrer dans les
domaines les biens engagés au-dessous de leur valeur.

La résolution d'attaquer la Rochelle étant prise,
on fit investir cette ville par le duc d'Angoulême au
mois d'août 1627 et le roi, suivi de sa cour, se rendit
au camp.

Ce siége est trop intéressant pour n'en pas rappeler les circonstances les plus marquées. On y voit
une attaque vive et soutenue par la présence d'un roi
qui s'expose comme le plus simple soldat ; une défense vigoureuse et constante pendant quinze mois,
à l'épreuve des calamités que la disette et la famine
entraînent nécessairement après elles, et de toute
part des faits héroïques dignes de passer à la postérité
la plus reculée.

Le roi, après avoir supprimé les charges d'amiral
et de connétable, créa, le 18 mars 1627, en faveur de
Richelieu, celle de chef et surintendant de la marine
et commerce de France. Ce prince lui avait aussi
accordé séance au parlement avec le même rang qu'il
avait au conseil.

Le ministre, voyant sa fortune affermie, songea à
mettre au jour ses vastes projets. Il sentit l'importance d'avoir une armée navale sans laquelle on ne
pouvait se rendre maître de la Rochelle, qui, depuis
plus de cent cinquante ans, résistait à ses souverains.
Pour cet effet, il renouvela l'alliance avec la Hollande

et joignit les vaisseaux que lui donna cette république à ceux qu'il avait rassemblés.

Les Rochelais, de leur côté, trouvant toute voie
d'accommodement fermée, se virent dans la nécessité
de se défendre. Ils désignèrent, pour les commander,
un nommé Guitton, célèbre par son courage et par
sa fermeté, et le déclarèrent général. Cet homme
intrépide ne sut mieux reconnaître le choix de ses
compatriotes qu'en faisant serment de les défendre
jusqu'au dernier soupir. Leur présentant un poignard : « Je demande, leur dit-il, la permission d'en
frapper le premier qui proposera de se rendre ; et je
me soumets à la peine, si je fausse mon serment. »
Ensuite, il déposa sur la table du conseil le poignard
sur lequel il avait juré.

Ce maire intéressa dans son parti Charles I, roi
d'Angleterre, et beau-frère de Louis XIII, dont il
reçut un puissant secours qui aurait été favorable aux
Rochelais sans l'incapacité du duc de Buckingham.
Ce général ne sut pas profiter de ses avantages, et
se laissa chasser de l'île de Ré, dont il s'était emparé
malgré les efforts de Toiras, gouverneur du fort
Saint-Martin qu'il assiégeait.

Le 6 novembre 1627, six mille hommes envoyés
à Toiras attaquèrent les retranchements des Anglais.
Après un combat assez opiniâtre, où la perte fut considérable de leur côté, le duc de Buckingham fit sonner
la retraite, et se rembarqua en désordre : dans le même
temps, Toiras sortit du fort, et nettoya les tranchées [1].

---

1. Un trait remarquable fit connaître la présence d'esprit de
Louis XIII et son intrépidité.
On avait dégarni le camp des meilleures troupes pour les en-

Cette équipée causa beaucoup de dommage au parti huguenot. Pendant les trois à quatre mois que la général anglais resta devant le fort Saint-Martin, il consomma la plus grande partie des vivres destinés pour la Rochelle, perte d'autant plus grande que les habitants ne purent s'en relever, et qu'elle occasionna la prise de cette ville.

Après la retraite des Anglais, on prit le parti de la serrer de près du côté de terre; mais elle avait la communication libre avec la mer, et il aurait été difficile de s'en rendre maître, si le cardinal, pour enfermer le port, n'avait imaginé cette fameuse digue, l'étonnement et l'admiration de tout le monde.

Le roi étant obligé de revenir à Paris au commencement de 1628, laissa Richelieu au camp avec la qualité de lieutenant général de ses armées, un plein pouvoir sur ses troupes, et l'ordre au duc d'Angoulême, ainsi qu'à tous les officiers, de lui obéir, comme à la personne royale.

voyer dans l'île de Ré au secours de Toiras. Un officier de garde au camp, aperçut une nuit sur la ville de la Rochelle, une flamme violente accompagnée d'un bruit considérable. Il le fit remarquer au maréchal de Brezé, et tous deux en allèrent rendre compte au roi. Ce prince s'étant assuré du fait par lui-même, pensa que ce pouvait être sérieux, et donna ses ordres crainte de surprise.

Un courtisan prétendant faire sa cour, crut qu'il devait lui faire connaître le danger qu'il courait, et lui dit : « Si l'on vient nous « attaquer, V. M. sera trop exposée. Sauvez-lui des jours qui sont « précieux à vos sujets. — Non, répondit le roi, je ne sortirai point « d'ici, et je veux combattre à la tête de mes gens de pied. »

Une réponse aussi ferme, fit une impression bien vive sur l'esprit du soldat, et il est à croire que si le camp eut été attaqué, il n'aurait jamais été forcé.

Nota. Le feu avait pris dans un magasin à poudre de la Rochelle.

Voir un prélat général d'armée, parut une nouveauté qui surprit bien du monde. Ce grand ministre cependant fit connaître que s'il maniait habilement la plume pour former un projet, il était encore capable de se servir de l'épée pour en conduire l'exécution.

Richelieu n'était pas déplacé. Ce siége était son ouvrage. Il possédait la confiance du roi, et ce prince l'aimait au point de craindre à tout moment de le perdre. La confidence qu'il en fit à un de ses courtisans, prouve combien le monarque sentait que son ministre lui était nécessaire. « J'ai un regret sensible, dit le roi, de quitter le cardinal; et je suis dans la plus grande inquiétude qu'il ne lui arrive quelque accident. » Après cet aveu, est-il étonnant que Louis XIII dans son absence lui ai laissé la conduite du siége?

Le cardinal, revêtu du commandement, commença par mettre la discipline dans l'armée et l'abondance dans la camp. Il fit payer exactement le soldat et continuer avec vigueur les travaux de la digue, ouvrage mémorable, sans lequel son entreprise devenait infructueuse.

Après avoir mis ordre à tout, il chercha à surprendre la ville par deux tentatives qui manquèrent, l'une par accident, l'autre par la viligance de l'ennemi.

Pour prévenir les secours d'Angleterre, il essaya si, joignant l'adresse à la force, quelqu'un de ces coups du hasard ne pourrait le favoriser; mais il était décidé que la Rochelle ne sortirait des mains des protestants qu'après avoir été mise aux abois et réduite par la famine.

Après le départ du roi, le cardinal voulut surprendre le fort Tadon. La réussite de ce dessein mettait la ville au pouvoir du monarque. Pour cet effet, la nuit du 12 mars, accompagné des maréchaux de Bassompierre et de Schomberg, il s'avança à la tête de huit mille hommes jusqu'à soixante pas de la Rochelle. Il fallait préalablement s'emparer des forts de l'Évangile et de Galas ; on fit pour cet effet marcher par différentes routes plusieurs pelotons pour faire sauter les portes neuves des Salines et de Saint-Nicolas, mais la nuit fut si obscure, que les détachements se perdirent sans pouvoir trouver le point de ralliement, et le jour venant à paraître, les troupes furent obligées de se retirer.

Deux jours après, Richelieu revint à la charge. On fit deux fausses attaques, l'une à la porte des deux Moulins, l'autre au corps de garde de la Tenaille. En même temps, un homme aposté vint à la garde de la porte Saint-Nicolas, par ordre du commandant du fort Tadon, l'avertir de ne point tirer s'il entendait du bruit, parce qu'on avait eu avis que les ennemis venaient le long de la mer, et qu'il dressait une contrebatterie pour les attaquer sans qu'ils pussent s'en douter. Effectivement le détachement passa : mais quand on fut près du fort Tadon, la sentinelle, au qui-vive, tira et à la lumière elle aperçut des troupes. Sur-le-champ, l'alarme fut donnée, et la garde du fort Tadon se mit sous les armes.

Voyant ses entreprises échouées, Richelieu fit sommer les habitants de cette ville de se remettre à la clémence du roi. Ces révoltés, malgré la disette et la faim qu'ils voyaient s'acheminer à grands pas, ne voulurent rien entendre. Ils comptaient sur la marée de l'équinoxe de mars, tant pour la destruction de la digue, que pour un secours d'hommes et de vivres. Attente vaine ! la marée ne fit nul effet sur la digue. Ils reçurent simplement quelques barques chargées de blé avec la nouvelle d'un secours.

Le cardinal en fut prévenu . La digue alors affermie était en état de se défendre. Quantité de vaisseaux chargés de pierres, qu'on avait coulés à fond l'appuyaient et la soutenaient. On n'avait rien à craindre de ce côté : mais l'armée navale était peu nombreuse. Quarante vaisseaux de médiocre grandeur furent mis en ligne à l'entrée du golfe, où ils étaient soutenus par une artillerie formidable, dont les deux bords du canal étaient garnis. Cette position leur donnant beaucoup d'avantage, les mettait en état de résister.

Le 14 avril, Louis XIII revint au camp, où l'on fit encore sur la ville des tentatives aussi infructueuses que les précédentes. L'histoire fait mention d'une proposition du père Joseph, confesseur du cardinal, cependant moins ministre de sa conscience que de ses volontés. Ce capucin voulait qn'on surprît la Rochelle par un égoût qui rejetait les immondices hors de la ville, et s'en promettait une réussite assurée. On fit sonder l'égoût ; il se trouva impraticable.

Enfin, le 11 mai 1628, parut cette flotte tant désirée par les Rochelais. Cinquante gros vaisseaux de ligne et quarante autres bâtiments chargés de vivres la composaient. A l'aspect, on jugea que des vaisseaux de cette énorme grandeur, ne pourraient jamais parvenir jusqu'à la digue.

Celle de France, aux ordres du commandeur de Valencé, se rangea dans le courant entre les deux pointes, et l'on fit passer dans l'intervalle de la digue et de la Rochelle plusieurs galiotes garnies de soldats, pour s'opposer à la sortie des Rochelais.

La flotte anglaise, après avoir essuyé une tempête, se présenta devant celle de France, contre laquelle elle fit jouer son artillerie, ensuite elle se remit en mer. Le seul fruit que les Rochelais en tirèrent, ce fut une chaloupe chargée de vivres, avec la promesse d'un nouveau secours.

Une bravade aussi déplacée, choqua extrêmement les habitants de la Rochelle. Le cardinal crut ce moment favorable pour leur insinuer que l'Anglais n'était pas empressé de prendre leur défense, et pour les exhorter à se rendre, mais c'était un malheur attaché au parti protestant de ne pouvoir profiter des circonstances, et de se repaître d'espérances chimériques. Tout réduits qu'ils étaient à manger des racines et à ne vivre que de coquillages, qui vinrent même à leur manquer, la proposition ne fut pas goûtée. Ils comptaient sur le retour de la marée d'automne et sur la promesse d'un nouveau secours.

Il y avait deux partis dans la Rochelle. Les magistrats voulaient capituler. Le peuple, guidé par le maire Guitton, s'y opposait. Après plusieurs débats, on convint d'envoyer des députés, dont les demandes outrées furent rejetées. Le cardinal leur annonça que la dernière volonté du roi était de leur laisser la vie et les biens saufs, avec quelques priviléges en faveur des magistrats, s'ils demandaient pardon au roi, s'ils lui ouvraient les portes de leur ville et s'ils payaient ce qui était dû à l'armée,

Les députés demandèrent la permission de porter ces propositions dans la ville, mais à peine furent-ils rentrés, que pour réponse, les Rochelais tirèrent sur les tranchées et s'efforcèrent de brûler les galiotes du canal. N'ayant pu réussir, ils voulurent, renouer; alors on leur fit réponse que leur supercherie méritait punition, et qu'ils ne seraient reçus qu'à discrétion. Pendant ces pourparlers, le second secours d'Angleterre arriva.

Le 28 septembre 1628, une flotte anglaise, forte de cent vingt voiles, parut en vue de l'île de Ré. Aussitôt l'armée se mit sous les armes. Les premiers jours, elle ne fit qu'examiner la contenance et la disposition des Français; et le 3 octobre au matin, le vent et la marée étant favorables, elle vint droit au canal à la portée du canon et fit sa déchage des deux côtés. Le commandeur de Valencé, qui faisait la fonction d'amiral, lui répondit avec vivacité.

Le roi, accompagné de sa noblesse, s'était déjà rendu à la batterie du Chef-Baye, dont l'artillerie, ainsi que celle du canal, fut servie avec exactitude. Ce prince se plaisait à mettre lui-même le feu aux canons, et à encourager par son exemple et par ses largesses le canonnier et le soldat à faire leur devoir [1]. Il en coûta du monde et quelques chaloupes aux Anglais qui voulurent le lendemain entrepren-

1. On rapporte un fait à la gloire de Louis XIII, qui prouve son courage et sa bravoure. Pendant toute l'action, il ne quitta point la batterie du Chef-Baye, et Bassompierre assure que plus de trois cents boulets passèrent par-dessus la tête de ce monarque.

dre une pareille attaque sans être plus heureux.

Les jours suivants, les vents furent contraires, et
l'on resta dans l'inaction. Ce temps de repos donna
celui de réfléchir. Le flambeau de la discorde se con-
sumait insensiblement. La Rochelle, dont les habitants, dévorés par la faim, étaient aux abois, repré-
sentait un vaste tombeau plein de squelettes vivants.
Le cardinal brûlait du désir de mettre fin à une
guerre dont la nécessité ouvrait la porte à l'exécution de son dessein. L'Anglais, fatigué d'envoyer à
ses amis des secours qui ne faisaient qu'accélérer leur
perte, voulut se rendre médiateur dans les démêlés
des protestants français. Le lord Montaigu fit complimenter le cardinal et le ministre lui renvoya quatre prisonniers sans rançon. Les députés français de
la flotte, ainsi que ceux de la Rochelle, se rendirent
au camp. Le cardinal leur fit sentir qu'il était plus
intéressant et moins honteux pour eux, d'obtenir la
paix directement de la bonté du roi, que de la recevoir par le secours d'un canal étranger. Tout le
monde la désirait. On travailla donc à rédiger les
articles. Ils portaient que la Rochelle serait déchue
de ses priviléges et perdrait ses fortifications ; que la
religion catholique y serait entièrement rétablie. A ces
conditions, le roi accorda la paix à ses habitants, et
les remit dans leurs biens avec liberté de conscience.

Alors, Richelieu obtint un pardon général pour
ceux qui avaient pris les armes contre leur souverain ;
et le roi donna une déclaration par laquelle il oubliait
le passé. Le 28 octobre, les articles furent signés, et
quatre jours après, Louis XIII fit son entrée dans la
Rochelle.

Ce fut par la famine, après quinze mois de siége, que cette ville qui, à commencer depuis Louis XI, était en possession de se signaler par ses révoltes, rentra sous l'obéissance de son monarque légitime.

Quand les articles furent signés, les députés vinrent se jeter aux pieds du roi et lui demander pardon. Le monarque, maître de la ville, donna ordre à un détachement de ses gardes françaises et suisses de s'en emparer, et plusieurs officiers de marque s'y rendirent le même jour.

Quel spectacle d'horreur et de compassion s'offrit à leurs yeux! Les rues jonchées de cadavres; des familles entières mortes dans leurs maisons qui leur servaient de tombeaux; des spectres pâles et décharnés, n'aspirant qu'après une bouchée de pain pour les empêcher de mourir; des hommes faibles et languissants, incapables de les soulager; un père qui se fait ouvrir la veine et fait cuire le sang qui en sort pour nourrir son fils! Quelle âme assez ferme pourrait soutenir la vue d'un pareil tableau, sans être saisie d'effroi et du plus grand attendrissement.

Telle fut la réception que fit la Rochelle à Richelieu, au duc d'Agoulême et aux autres officiers qui les accompagnèrent le 30 octobre 1628.

Le cardinal fit publier un ban dans la ville pour avertir de venir chercher du pain qu'il avait fait apporter; et lorsque tout fut retiré, le roi y fit son entrée le premier novembre 1628, ayant son ministre à cheval devant lui.

La prise de la Rochelle fut glorieuse pour le cardinal. Elle abattit la puissance des protestants, coupa

4

la racine des guerres civiles, et le mit dans la plus haute réputation.

Cependant le roi restait dans la ville, dont il abolit de nouveau les priviléges par une déclaration. Il n'était pas sans impatience de voir partir la flotte Anglaise, pour venir à Paris cueillir le fruit de ses lauriers.

Le ministre n'avait pas moins d'inquiétude que d'espérance. Il voyait arriver avec satisfaction le moment de travailler à son grand dessein contre la maison d'Autriche qui lui donnait une belle occasion.

Vincent, second duc de Mantoue, après avoir recueilli les successions de François IV et de Ferdinand ses frères, se voyant menacé de mourir, appela à la sienne Charles de Gonzagues, duc de Nevers, son grand-oncle, héritier légitime du duché de Mantoue; et pour ne pas séparer ses États, il fit épouser au duc de Rochelois, fils du duc de Nevers, Marie de Mantoue sa nièce, fille de François IV son frère aîné. Elle réunissait sur sa tête les héritages du Montferrat. Vincent mourut le 24 décembre 1627, et le duc de Nevers fut proclamé le lendemain.

Peu de princes se sont trouvés aussi embarrassés que le fut le duc de Nevers pour prendre possession de ses États. Il fallait vaincre la haine d'une maison puissante. L'empereur Ferdinand II lui en refusait l'investiture. Le prince de Guastalle en voulait au duché de Mantoue; l'empereur et l'Espagne le soutenaient. Le duc de Savoie jetait un regard avide sur le Montferrat. Ce duc n'étouffait point l'envie qu'il avait de s'agrandir. Depuis qu'il avait été chassé de Gênes, ses vues s'étaient tournées de ce côté. Sachant que la France ne lui donnerait aucun secours contre un prince son allié, il se ligua avec l'Espagne et il entra dans le Montferrat, tandis que Gonzalès de Cordoue, général espagnol, y pénétrait d'un autre côté, tous deux au nom de l'empereur, sous prétexte de conserver dans ce pays ce qui pouvait appartenir aux prétendants.

Les engagements que la cour de France avait pris, empêchèrent Louis XIII d'appuyer de ses forces le droit de la maison de Nevers. Le monarque envoya le marquis de Saint-Chamond vers le duc de Savoie, avec ordre de s'informer si ses prétentions étaient justes, afin de lui faire donner satisfaction. Mais les désirs de ce duc étaient trop ardents pour lui laisser le temps d'attendre l'issue d'une négociation qui traînerait en longueur. Son partage était fait. Cazal, Nice, Montcaloo, Aigni, formaient le lot de l'Espagne. Charles-Emmanuel s'était réservé Albe, Trino et Damien, et quelques terres enclavées dans le Piémont.

On était convenu de garder ce qu'on prendrait sans le fortifier. Le duc de Savoie n'observa pas la condition, ce qui donna de grands soupçons sur sa bonne foi.

Gonzalès, après avoir fait du progrès dans le Montferrat, vint investir Cazal, que les François avaient eu le temps de pourvoir de toutes choses nécessaires, pour soutenir un long siége.

Le duc de Mantoue était plaint sans être secouru. La puissance autrichienne faisait trembler l'Italie, et personne n'osait se déclarer en faveur d'un prince qu'elle avait entrepris de dépouiller. La France seule pouvait mettre des bornes à cette usurpation, mais elle était occupée de l'événement le plus intéressant pour son repos, et le duc de Nevers s'était fait un ennemi dangereux. La reine-mère, piquée de ce qu'il avait recherché l'alliance de Monsieur, s'opposa de toutes ses forces à la bonne volonté du roi son fils [1]. Sans le cardinal, il est à présumer qu'il aurait tout perdu.

L'empereur cependant parut trouver très-mauvais l'invasion de l'Espagne et du duc de Savoie dans le Montferrat. Il désavoua publiquement d'en avoir donné l'ordre, mais le mal était fait, et loin de le réparer, ce prince envoya le comte de Nassau sommer le duc de Nevers de lui remettre ses places en dépôt, jusqu'à ce qu'il eût jugé à qui elles devaient appartenir.

Le duc de Mantoue manda ces nouvelles en France, et sollicita les secours qu'on lui avait promis. Le nonce et l'ambassadeur de Venise pressaient extraordinairement le roi. Le Saint-Père et le sénat, dirent-ils, ne sont pas assez puissants pour maintenir par la force le duc dans ses possessions. Louis XIII se trouvait fort embarrassé. Son inclination le portait en faveur de son parent et de son ami; mais le siége de la Rochelle et la haine de Marie de Médicis contre le duc de Nevers, le retenaient [2].

---

1. Monsieur était devenu amoureux de Marie de Gonzagues, fille du duc de Nevers.

2. Lors des troubles de la régence, les princes se liguèrent contre le gouvernement. La reine-mère, mécontente du duc de Nevers. parla de sa naissance et de ses ancêtres avec assez de mépris. Le duc répondit à ceux qui l'en avertirent : *Je sais le respect que je dois à la mère de mon roi ; mais s'il était question de discuter les avantages de nos deux maisons, personne n'ignore que celle des Gonzagues*

Le cardinal décida les incertitudes du roi. Le maréchal de Créqui eut ordre de faire passer des troupes dans le Montferrat; on donna au marquis d'Uxelles le commandement de celles que les parents du duc avaient levées en France, mais lorsqu'il fut question de forcer les passages, le maréchal, soit jalousie, soit qu'il fût gagné, ne voulut point aider le marquis d'Uxelles; ce qui empêcha ce dernier de pénétrer.

Richelieu, outré de ce procédé, en fit des reproches très-amers. Il manda au duc de Mantoue de faire rassembler les Français dispersés sur les frontières, pour en composer, avec les troupes qu'on avait levées pour lui, une armée capable d'arrêter les progrès de la maison d'Autriche.

Cependant on poursuivit juridiquement ce prince. Le 27 août 1628, on vit paraître un décret impérial qui lui donnait trente jours de délai pour remettre ses places; après quoi, s'il n'obéissait, on devait procéder contre lui à toute rigueur.

Il n'était point de situation plus triste que celle du duc de Mantoue. Seul au milieu de ses ennemis, sans appui, sans secours, il se voyait à la veille d'être cité au ban de l'Empire, et peut-être dépouillé de ses états. Lorsque la Rochelle se rendit, tout changea de face à l'instant, et le cardinal ne songea plus qu'à le secourir.

Le 23 décembre 1628, huit à dix jours après que la flotte anglaise fut partie, le roi sortit de la Rochelle et se rendit à Paris, où il fut reçu avec l'appareil du triomphe.

comptait des princes dans la sienne, avant que les Médicis connussent un gentilhomme dans la leur.

Le monarque ne fit pas long séjour dans sa capitale ; il n'eût que le temps de se préparer pour aller chercher de nouveaux lauriers au delà des monts. Toiras se tenait prêt à passer en Italie avec douze mille hommes, qui devaient se joindre à un pareil nombre que le cardinal faisait lever dans le Dauphiné.

Cette armée destinée pour la délivrance du duc de Mantoue, devait être commandée par Monsieur, mais la gloire que Louis venait d'acquérir à la Rochelle, ne lui permit point de céder celle qui l'attendait en Italie [1]. Le roi résolut de marcher en personne, et s'achemina le 16 janvier 1629, vers Grenoble, d'où malgré la rigueur de la saison, il partit le 2 février suivant, accompagné du cardinal, pour se rendre à l'armée composée de vingt-quatre mille hommes, qui les attendaient aux pieds des Alpes.

Sitôt qu'ils furent arrivés, le roi fit demander le passage au duc de Savoie, et le commandeur de Valencé eut ordre de lui offrir de conserver Trino avec quelques terres dans le Monferrat, à condition qu'il renoncerait à toute autre prétention.

Charles-Emmanuel, mécontent d'être prévenu, fit ses efforts pour éluder. Il pensait amuser Louis par des propositions imaginaires, qui ne tendaient qu'à lui donner le temps de fortifier les places dont il s'était

1. Louis XIII n'eut pas nommé Gaston, général de l'armée, qu'il s'en repentit ; et la jalousie qu'il en conçut, alla jusqu'au point de lui faire perdre le sommeil : mais la timidité l'empêchait de se rétracter. Ce prince communiqua sa peine au cardinal, en lui demandant quel remède il pourrait apporter à son tourment, et s'il ne trouverait pas quelque moyen d'empêcher son frère de commander. *Je n'en sais qu'un*, répondit le ministre, *c'est que Votre Majesté commande elle-même en personne.*

emparé. Le cardinal prévoyant que les délais occa-
sionneraient la prise de Casal, fut d'avis de cesser
toute négociation, et d'attaquer les barricades que le
duc avait faites dans les avenues de Suze.

Le 6 mars 1629 au matin, le roi s'étant rendu sur
le champ de bataille avec son ministre, on attaqua
vigoureusement les palissades. Pendant ce temps,
d'autres troupes se répandant de droite et de gauche
par le haut des montagnes, vinrent fondre sur le flanc
des Piémontais. A peine ceux-ci les aperçurent, qu'ils
cherchèrent leur salut dans la fuite.

Louis, maître des passages, fit cesser la poursuite
des fuyards, et ne voulut point permettre aux siens
d'entrer avec eux dans la ville. Il se contenta de les
loger autour des murs de Suze, dont le gouverneur
eut ordre de lui remettre les clefs.

Le pas de Suze forcé, l'armée de France mit
l'épouvante chez l'ennemi. Le cardinal sollicita alors
le roi de renouveler ses propositions ; et le marquis
de Senneterre fut envoyé vers le duc pour lui confir-
mer que le roi lui faisait le même avantage que le
commandeur de Valencé lui avait offert. Charles-
Emmanuel qui ne s'attendait pas à des conditions si
douces, s'empressa de les accepter.

Le duc de Savoie signa donc un traité, par lequel
il promettait de livrer passage aux troupes de France
toutes les fois qu'il plairait au roi d'aller dans le
Montferrat ; de fournir des vivres à l'armée en payant ;
d'obliger le général espagnol de lever le siége de
Casal ; d'entrer dans la ligue faite entre le roi, le pape
et les Vénitiens, pour établir la paix dans l'Italie, et
secourir le duc de Mantoue ; et enfin de déposer entre

les mains du roi, pour la garantie de ce traité, la citadelle de Suze et le fort Saint-François. Louis, de son côté, s'engagea de lui faire céder Trino avec quelques terres, et de lui rendre Suze et le fort Saint-François aussitôt qu'il remettrait ce qu'il avait envahi.

C'est ainsi que le vainqueur de la Rochelle, par le seul bruit de ses armes, arrêta les progrès rapides et injustes de la maison d'Autriche sur les biens du duc, ami de la France. Gonzalès, après s'être assuré que le roi n'avait aucun dessein sur les États de l'Espagne, leva le siége, et promit d'être sorti du Montferrat le 4 avril 1629.

Le 18, la ligue entre le pape, le roi de France, le sénat de Venise et le duc de Savoie étant signée, Louis XIII reçut les ambassadeurs des princes de l'Italie qui vinrent le complimeuter; après quoi, sans attendre que Charles-Emmanuel eût rempli les conditions portées au traité, Louis partit de l'Italie vers la fin d'avril 1629, pour venir achever de réduire les huguenots qui remuaient encore sous les ordres du duc de Rohan.

La prise de la Rochelle n'avait pas éteint le courage des protestants. L'élite de leurs troupes était dans la ville de Privas en Vivarais. Le roi vint en faire la conquête ; et le cardinal avec le maréchal de Bassompierre, le suivit.

Privas fut vaillamment, mais imprudemment défendu par le marquis de Saint-André Montluc. Ce commandant, qui ne connaissait que la bravoure du soldat, se laissa trop emporter à son ardeur, et perdit le temps de capituler. Le roi maître des dehors, le 17 mai 1629, la place fut emportée d'assaut et saccagée, malgré les soins que se donna le cardinal tout malade qu'il était, pour sauver la vie et l'honneur aux habitants de cette ville. Il monta à cheval, ayant la fièvre, accompagné de deux cents gentilshommes, et il arrêta une partie des désordres qui se commirent.

Le roi vint ensuite mettre le siége devant Alais, ville des Cévennes, qui évita le malheur de Privas, en se rendant à composition le 7 juin de la même année, et devint célèbre par le traité qu'on y fit avec les pro-testants.

Le duc de Rohan, après avoir obtenu son pardon à la sollicitation du cardinal, demanda la permission de se jeter aux pieds du roi. Sur le refus qu'en fit ce prince, il passa à Venise, où il resta jusqu'à ce qu'il fût rappelé pour commander dans la Valteline.

Soubise participa à la grâce de son frère. On leur laissa la jouissance de leurs biens avec liberté de conscience, ainsi qu'aux autres protestants, à condi-tion qu'ils rendraient les biens ecclésiastiques, les églises et les monastères dont ils s'étaient emparés; que la religion romaine y serait seule exercée, et que les fortifications de Montauban, d'Uzès, de Castres et de Nîmes, seraient rasées.

Ce traité fut le coup mortel pour le parti huguenot. Le cardinal le méditait depuis longtemps. On le pu-blia à Nîmes; il fut vérifié au parlement de Toulouse le 28 août 1629, et il anéantit ce parti, de manière qu'il lui fut impossible de se relever.

Il restait à faire exécuter l'article contre les forti-fications des villes proscrites. Les habitants de Mon-tauban ne voulurent point souffrir que le prince de Condé, général des troupes destinées à contenir ces provinces, fît raser celles de leur ville. Ils députèrent vers le cardinal, afin de l'engager de se charger de ce soin ; et le ministre alla trouver le prince, dont il obtint le consentement volontaire. Leur animosité venait de ce que le prince de Condé qui les haïssait, permettait à ses troupes logées autour de la ville, d'y faire du dégât.

Le 29 août 1629, Richelieu entra dans Montauban avec deux mille hommes aux ordres du maréchal de Bassompierre. L'estime qu'on avait conçue de sa personne, lui attira les plus grands honneurs. Les magistrats, les ministres mêmes, vinrent en corps le complimenter. La coutume en France étant de ne reconnaître aucun corps d'église séparé de la communion romaine, il reçut les derniers comme gens de lettres, et leur dit qu'il les verrait toujours avec plaisir, tant qu'ils ne manqueraient pas à la fidélité qu'ils devaient au roi ; et les habitants voulant prouver leur obéissance aux ordres du souverain, démolirent eux-mêmes les fortifications de leur ville en présence du ministre.

Après les avoir vu raser, le cardinal vint à Fontainebleau trouver le roi qui lui donna de nouvelles marques de sa bonté. Le 11 novembre de cette année, il fut déclaré principal ministre par lettres patentes dans lesquelles on voit un éloge magnifique de sa personne. La levée du siége de Casal, et l'hérésie terrassée lui avaient attiré l'admiration de tout le monde, mais dans le temps que ce ministre occupé de la grandeur de son maître, voyait couronner le prix de ses travaux ; la jalousie s'approcha du trône, et s'efforça de ternir sa gloire.

La reine-mère était devenue son ennemie capitale et Monsieur qui n'avait pu le surprendre dans sa maison de Fleury, l'attaqua ouvertement.

Après la mort de la duchesse d'Orléans, Marie conçut le dessein de marier son second fils avec une princesse de Toscane. Mais Gaston s'était épris d'une passion vive pour Marie de Gonzagues, fille du nouveau duc de Mantoue. La reine prévoyant l'obstacle que la passion de son fils apporterait à ses désirs, n'hésita point sur le parti qu'elle avait à prendre. Au commencement de 1629, elle abuoa du pouvoir dont le roi l'avait revêtu en la déclarant régente du royaume pendant son absence. A peine Louis XIII eut-il passé les monts, pour secourir le duc de Nevers son ami, que Marie de Médicis fit enlever la princesse, fille de ce duc, comme elle se disposait à se rendre en Italie auprès de son père, et la fit conduire et garder à Vincennes.

Cet acte d'autorité fut trouvé très-mauvais par le monarque et par son ministre, qui venait d'affermir la sienne par la prise de la Rochelle.

Le premier soin de Louis en arrivant fut de rendre la liberté à la fille de son ami, et après avoir blâmé la violence de la reine sa mère, il fit promettre au duc d'Orléans de ne point épouser la princesse de Mantoue, sans leur consentement.

Marie de Médicis en conçut un dépit extrême. Elle rendit Richelieu responsable de la mortification qu'elle venait d'essuyer, prétendant que Louis ne l'avait blâmée que par le conseil de son ministre. Elle s'emporta contre lui, et commença par le haïr autant qu'elle avait pu l'aimer. Cette haine produisit des effets bien funestes. Voulant perdre Richelieu, cette princesse fut le principe et la cause de sa propre ruine et le ministre devenu tout-puissant fut si piqué, qu'il se déclara par la suite son plus grand ennemi.

Lorsque le cardinal alla lui présenter les maréchaux de Bassompierre et de Schomberg, il en reçut l'accueil le plus froid. Dans leur entretien, Marie de Médicis l'accabla des reproches les plus amers; et leurs paroles furent si aigres, que le roi en étant averti, vint se rendre le médiateur de leur démêlé. Il voulut les raccommoder : mais ce ne fut qu'en apparence; le venin resta toujours dans le cœur.

Pendant qu'elle éclatait contre Richelieu sans ménagement, le duc d'Orléans qui prétendait avoir des sujets de plainte contre sa mère, contre le roi son frère, et contre le ministre, s'était réfugié chez le duc de Lorraine, où il publia un manifeste dans lequel il exposait ses griefs. Il comparait le cardinal aux maires du palais; l'accusait d'avoir usurpé l'autorité royale, et faisait au roi quantité de demandes plus fortes les unes que les autres, si on voulait le revoir à la cour.

Les esprits étaient dans une grande agitation.

Marie désirait avoir auprès d'elle son second fils. Cette princesse, en partie cause de la retraite de Monsieur, ne pouvait demander aucun conseil au cardinal avec qui elle s'était brouillée.

Monsieur, l'esprit rempli d'incertitudes, ne fut pas à Nancy, qu'il aurait voulu se voir à la cour.

Le roi, dont le pouvoir était devenu absolu, ne s'alarma point des plaintes de son frère, et ne lui fit aucune réponse.

Richelieu, de son côté, n'était pas tranquille. Quoiqu'il se fût affermi dans l'esprit de son maître, il se voyait au moment d'être perdu, s'il venait lui-même à perdre le monarque. Ce prince avait une mauvaise santé; et les gens de l'art prétendaient qu'il ne pouvait vivre longtemps. Le ministre, haï de l'héritier présomptif de la couronne et de la reine-mère, était dans la plus grande inquiétude.

Le duc d'Orléans voyant qu'on ne répondait point à ses demandes, prit le parti d'envoyer le duc de Bellegarde négocier son retour, et surtout prier Marie de Médicis sa mère de ne point se raccommoder avec le cardinal, de qui selon ce qu'il disait, il voulait tirer une vengeance éclatante. Ses menaces lui valurent le duché de Blois. Ainsi, Monsieur vendit son retour, et ce duché fut le sceau des nouvelles cabales que ce prince vint encore former à la cour.

Pendant que ces choses se passaient en France, le duc de Savoie, qui n'était pas dans l'usage de respecter la foi des traités, n'eut garde d'observer les conditions qu'il avait signées à Suze. Les Français furent à peine sortis du Piémont, que Charles-Emmanuel renoua avec la maison d'Autriche pour dépouiller de nouveau l'infortuné prince, objet de la haine de cette puissance; et la guerre recommença dans l'Italie.

L'empereur la déclara le premier. Ce prince envoya dix-huit mille hommes s'emparer de la Valteline pour entrer dans le Milanais, où le comte Colalte vint prendre le commandement de l'armée impériale. Ce général fit savoir au duc de Mantoue que s'il ne voulait pas obéir au décret impérial, il avait ordre de se mettre en possession de ses États. Au mois de septemdre 1629, Colalte se mit en devoir d'exécuter ses menaces avec dix mille hommes, et les huit mille autres passèrent dans le Montferrat, et se joignirent aux troupes espagnoles commandées par Spinola à qui l'on avait donné le gouvernement du Milanais.

Ces actes d'hostilité n'étaient faits, disait-on, que pour conserver les droits de l'empereur et ceux des prétendants aux duchés de Mantoue et du Montferrat. L'empereur se plaignait du roi de France. Selon lui, ce prince avait empiété sur son autorité pendant le voyage qu'il avait fait en Italie. Dès le mois de juin, Ferdinand avait écrit une lettre circulaire, dans laquelle il détaillait les motifs qui l'obligeaient de reprendre les armes. Prétexte dont on voulait couvrir le véritable dessein de s'emparer des biens du duc de Nevers.

Les généraux de l'empereur et de l'Espagne agirent selon les vues de ces puissances, qui ne pouvaient souffrir un voisin allié de Louis XIII. Il suffisait d'être Français pour devenir leur ennemi.

Colalte ravagea le Mantouan, et Spinola mit la désolation dans le Montferrat. Le premier, après avoir levé quantité de contributions, assiégea le duc dans sa capitale vers la fin de 1629, mais les Français dispersés dans ce pays se jetèrent dans Mantoue avec un secours vénitien, et forcèrent le général autrichien de lever le siége le jour de Noël. Spinola, de son côté, soumettait tout, excepté Casal et Pondestrue qui furent aussi vaillamment défendus par les Français.

La cour, apprenant la malheureuse situation où la maison d'Autriche réduisait le duc de Mantoue, fit dire à Toiras de rassembler ce qu'il pourrait trouver de Français répandus dans le Montferrat, et de passer avec eux dans Casal. En même temps le maréchal de Créqui, alors à Turin, eut ordre de pénétrer les intentions du duc de Savoie.

Charles-Emmanuel, dont la politique toujours intéressée le portait alternativement vers la France ou vers l'Espagne, suivant les appas qu'y trouvait sa cupidité, prit encore de fausses mesures, malgré sa signature et la foi authentique qu'il avait donnée au roi. Attiré par l'espoir de joindre quelques places à ses États, il se lia avec l'Espagne, et voulant trop avoir, il perdit tout. On le dépouilla de la plus grande partie de ce qu'il possédait.

Cependant un nouveau secours, composé de vingt-deux mille hommes, s'acheminait vers le pas de Suze. Le cardinal se fit donner le commandement de cette armée. Sa conduite au siége de la Rochelle méritait cette confiance de la part de Louis, pour la gloire de qui il travaillait depuis longtemps. Le 24 décembre 1629, le roi lui fit expédier des lettres patentes, par lesquelles il le déclarait *lieutenant général, représentant la personne du roi*. Muni de ce pouvoir, Richelieu partit le 29 du même mois, accompagné du cardinal de la Valette, du duc de Montmorency, et des maréchaux de Bassompierre et de Schomberg dans son carrosse, escorté par huit compagnies aux gardes de trois cents hommes chacune, que le roi lui avait données indépendamment des siens.

Lorsqu'il fut arrivé à Lyon, il fit demander au duc de Savoie l'exécution du traité de mars 1629. Ce prince ne pouvait nier ses engagements, et n'était pas dans la volonté de les tenir. Il chercha donc différents prétextes pour s'en dispenser. Sitôt qu'il se vit pressé, il désigna les lieux où l'armée aurait des vivres, mais ce fut en si petite quantité, qu'elle pensa éprouver la plus grande disette.

Le cardinal s'apercevant de la perfidie du duc, prit le parti de lui déclarer ouvertement la guerre. Ce ministre, aussi fin que Charles, après avoir fait sonder les gués de la rivière de Due, la passa la nuit du 18 au 19 mars 1630 [1], chercha à le surprendre dans sa maison de Rivoli, manque son coup, soit que le duc l'eût prévu, soit qu'il en eût été averti; et lui donne le change par une ruse que ce prince n'évita point, toute simple qu'elle était.

Le 30 mars, Richelieu faisant mine de le venir as-

1. Un auteur (*de Pontis*) rapporte à cette occasion un fait qui semble se contredire avec Puységur. Il annonce que le cardinal passa la rivière à cheval à la tête de l'armée, portant cuirasse couleur d'eau, sur un habit feu et la veste brodée en or, et que lorsqu'il fut à l'autre bord, il fit faire cent caracoles à son cheval devant toute l'armée, disant qu'il connaissait parfaitement cet exercice *.

Puységur prétend qu'il fit une pluie excessive ce jour-là, et que le soldat était si mouillé et si fatigué, qu'il pestait, jurait, et maudissait le cardinal. Ce ministre, mécontent d'entendre ces propos, vit passer cet officier, l'appella, et lui dit qu'il trouvait indécent et très-mauvais qu'on en tînt de pareils. « Monseigneur, répondit Puységur, c'est leur habitude lorsqu'ils souffrent. Mais en revanche, ils accablent leur général de bénédictions quand ils sont à leur aise. » Le cardinal l'éprouva bientôt, car lorsqu'ils furent arrivés là, ils le comblèrent de louanges, et ne cessèrent de boire à sa santé.

* Rien d'extraordinaire dans ce fait, Richelieu avait commencé par le métier des armes.

siéger dans sa capitale, fit marcher l'artillerie du côté de Turin. Le duc, sans prévoir le piége rappelle les troupes qu'il envoyait pour la garde de Pignerol; sur-le-champ, le cardinal ramène l'artillerie, fait faire demi-tour à droite à l'armée, et tombe sur Pignerol qu'il attaque le 31 mars, le prend en vingt-quatre heures, et reçoit la capitulation de la citadelle peu de jours après [1]. Le ministre, connaissant de quelle importance il était pour la France d'avoir une porte ouverte en Italie, mit une bonne garnison dans cette place, et la fit fortifier.

Le 11 du mois de mai, le roi partit de Lyon, et vint à Grenoble où le cardinal lui rendit compte de ce qu'il avait fait. Sur son rapport, il fut décidé qu'on s'emparerait de la Savoie, malgré les propositions de paix que Mazarin vint faire de la part de Charles; et en très-peu de temps, Louis XIII fut maître des États de ce prince.

Les nouvelles conquêtes du roi de France n'avançaient pas les affaires de son ami. Colalte le poursuivait avec tant de vivacité, qu'il fut obligé d'abandonner Mantoue. Spinola ne faisait pas moins de

---

1. L'Escalogne, gouverneur de Pignerol, était fort dévot, et très-mauvais capitaine. Il se vit contraint d'évacuer la ville le 22 mars, et, de se réfugier dans la citadelle avec sept à huit cents hommes. Richelieu, qui voulait se rendre promptement maître de cette place, le pressa si vivement, qu'il fut obligé de capituler la veille de Pâques, sous la condition néanmoins qu'il ne sortirait que le lendemain, après avoir fait ses pâques.

Cet ignorant gouverneur avait vu Richelieu ordonner des travaux sur la montagne, pour y établir un fort en état d'arrêter les troupes qui venaient secourir la citadelle de Pignerol; l'Escalogne crut qu'on voulait y faire jouer une mine, et qu'il allait sauter au moment qu'il y penserait le moins.

progrès dans le Montferrat. De toute la succession de Vincent, Casal seul tenait encore pour le duc de Nevers. Les Français s'y étaient retirés sous la conduite de Toiras, mais les vivres et l'argent leur manquaient. Le roi, voyant son allié aux abois, résolut, quoique tard, de le secourir. Le cardinal envoya de l'argent, et fit passer des troupes et toute sorte de munitions dans Casal, que le général espagnol vint assiéger le 20 mars 1630.

L'armée aux ordres des maréchaux de la Force et de Schomberg n'était pas en état de tenir tête à Spinola, ni de lui faire lever le siége. La désertion et les maladies l'avaient réduite de moitié. Pour la compléter, on avait fait approcher un corps de douze mille hommes, qu'il était question de faire entrer dans la Savoie dont les passages pleins de défilés étaient exactement gardés. Le roi forma le dessein d'en déférer le commandement au duc de Montmorency ; et le prince accompagna ses ordres des paroles les plus flatteuses, capables d'exciter l'émulation.

Henri, duc de Montmorency, illustre victime, dont le malheur dans la suite intéressa toute la France, joignait aux grâces extérieures les qualités d'une belle âme. Grand, bien fait, magnifique, brave jusqu'à l'excès, affable, il était aimé et respecté de tout le monde. Louis XIII ne pouvait faire un choix plus digne de remplir ses intentions, mais la jonction de ce nouveau secours n'était pas un de ces événements ordinaires, où il s'agit de savoir prendre une position avantageuse, et de saisir le faible de son ennemi. Non-seulement le duc de Savoie faisait garder les défilés de la montagne, il était venu en per-

sonne à Veillane avec vingt mille hommes pour défendre ce passage, qui, par lui-même, formait une
barrière invincible. La ruse et l'adresse devenaient
inutiles; il fallait un de ces coups inopinés, un de ces
moments décisifs, où la seule personne du général
entraîne la victoire et la force de marcher devant
lui. Montmorency, par sa valeur extraordinaire, sut
contraindre la fortune de le lui donner.

A peine a-t-il reçu ses ordres, qu'il vole pour les
faire exécuter. Le 10 juillet 1630, ses dispositions
achevées, il fait filer l'avant-garde et le corps de
bataille dans les montagnes, se réservant l'arrière-
garde au nombre de trois à quatre mille hommes.

C'était le moment que l'ennemi attendait pour
sortir de ses lignes. Alors le prince Doria, qui commandait la cavalerie, se mit à la tête de deux esca-
drons, et marcha droit au duc. Sur-le-champ, ce
général assemble le conseil, où l'avis est de sacrifier
quelques troupes pour sauver le reste. Montmorency,
aussi généreux que brave, condamne une proposition qui fait horreur, et prend une de ces résolutions
téméraires dont l'exécution étonne, et démonte l'ennemi avant qu'il ait le temps de se reconnaître.

Ce héros, d'un ton vif et magnanime, dit en prenant son parti : « Compagnons, qui m'aime me suive. »
Il part comme un éclair, franchit seul un large fossé,
et semblable à Alexandre, se précipite au milieu
d'une compagnie de chevau-légers, la force de lui
livrer passage, perce le premier rang de la cavalerie, cherche Doria, le voit, s'élance sur lui, le blesse
et pénètre jusqu'au sixième rang. C'est là que les
siens, qui avaient été forcés de prendre un détour, le

trouvèrent couvert de sueur, de poussière et du sang de l'ennemi.

Aussitôt qu'il les voit, il se met à leur tête, et commence un nouveau combat où il achève de défaire la cavalerie ; puis apercevant deux régiments allemands qui jusqu'alors avaient acquis le surnom d'invincibles [1], il rassemble ses troupes. « Amis, leur dit-il, la besogne n'est pas encore achevée, et voici pour vous un nouveau sujet de gloire. » Ces mots sont à peine proférés, qu'il fond sur les Allemands à qui il ne laisse d'autre ressource que la fuite la plus précipitée. Heureuse témérité qui assura la victoire à Montmorency, favorisa la jonction des troupes, et sauva Casal et le duc de Mantoue.

Peu après le combat de Veillane, Charles-Emmanuel mourut d'apoplexie. Ce fut le 26 juillet 1630, que ce prince, dont les désirs étaient trop ambitieux et mal combinés, laissa ses États à Victor-Amédée son fils, qui continua la guerre sans avoir un succès plus favorable.

Pendant ce temps-là, Toiras se défendait vaillamment dans Casal ; il faisait des sorties fréquentes ; à la vérité elles fatiguaient et diminuaient la garnison, mais il désolait Spinola et ruinait son armée. Malgré ses avantages, il était à craindre qu'il ne pût tenir encore longtemps ; manquant de vivres, il fut obligé de se retirer dans la citadelle où le général espagnol le serrait de près.

---

1. Alexandre se jeta du haut des murs dans la ville des Oxidrapas aux Indes, où il soutint seul, appuyé contre un arbre, l'effort des Indiens, jusqu'à ce que son armée eût fait une brèche à la muraille pour le secourir.

Spinola n'était pas dans une meilleure situation, il attendait des secours que Colalte, jaloux de sa réputation, lui refusait sous des prétextes spécieux. Ce général, se voyant traversé de tous côtés, remit le commandement de l'armée au marquis de Sainte-Croix [1].

Dans le même temps, Mazarin se donnait beaucoup de mouvements pour raccommoder les deux partis. Ne pouvant réussir à faire la paix, il obtint une trêve d'environ deux mois ; elle fut signée au commencement du mois de septembre 1630, et les Français en profitèrent pour mettre Toiras en état de soutenir un nouveaux siége.

La paix cependant se négociait à Ratisbonne : mais la cour de France, mécontente des conditions qui regardaient le duc de Mantoue [2], donna ordre

1. Spinola était un grand général. La réputation qu'il s'était acquise depuis trente ans au service de sa nation, lui avait attiré des envieux. Colalte, son émule, jaloux de sa gloire, cherchait à la diminuer. Victor-Amédée, qui ne s'était pas encore raccommodé avec la France, voulut lui faire quitter le siège de Casal pour venir à son secours. N'ayant pu réussir, ce prince lui occasionna des mortifications de la part du ministre et du conseil d'Espagne. Outré de se voir contrarié même par sa cour, ce général ne voulut pas signer la trêve proposée par Mazarin, et remit le commandement de l'armée au marquis de Sainte-Croix. Peu de temps après, il tomba malade, et mourut de chagrin.

2. Brulart, un des plus beaux hommes de son temps, fut choisi pour être plénipotentiaire. Soit que le cardinal fût mécontent du traité, soit que cet ambassadeur n'eût pas suivi exactement les ordres du ministre, celui-ci se plaignit hautement qu'il les avait passés. Brulart, de son côté, critiquait la conduite du père Joseph que Richelieu lui avait donné pour adjoint. Leurs plaintes aigrirent leurs esprits.

Un jour le cardinal avait invité plusieurs personnes à dîner, au nombre desquelles était Brulart. On se mit à jouer à la prime, et

aux maréchaux de Schomberg et de Marillac de recommencer les hostilités, et de faire lever le siége
de Casal.

Aussitôt ces généraux firent leurs dispositions
pour attaquer les retranchements. Le 26 octobre 1630,
les armées en présence, au moment de livrer bataille, le signal même donné, on vit sortir du camp
des Espagnols, Mazarin faisait signe avec son chapeau, et criant la paix, venir à toute bride vers les
généraux français, les engager à mettre leurs propositions par écrit avec promesse de les faire accepter.

Effectivement ce négociateur, après s'être donné
des soins et des peines infinies, parvint à faire le
traité de paix, qui fut signé à Querasques, le 6 avril
1631, par lequel les Espagnols s'engageaient de sortir du Montferrat, et l'empereur de donner au duc
de Nevers l'investiture de ses États.

Ainsi finit la guerre de l'Italie, qui coûta des
sommes immenses à l'Espagne sans aucun profit, et
qui ne servit qu'à faire éclater la haine de la maison
d'Autriche contre la France.

Cependant Richelieu avait mis Pignerol au pouvoir du roi, et voulait le conserver. La plupart des
princes de l'Italie craignant la domination espagnole,
le faisaient solliciter sous main de garder une place

Richelieu lui gagnait beaucoup d'argent. Il survint un coup de dé
qu'on fit juger par les spectateurs, lesquels condamnèrent Brulart.
Outré de la décision, il paya en murmurant, et disant entre ses dents :
Tous les corsaires ne sont pas sur mer. Richelieu l'entendit, et ne le
laissa pas échapper. Lorsque Brulart sortit, et qu'il fut près de la
porte, le cardinal vint doucement par derrière, lui prendre la tête,
et la retournant, dit : *Voilà une belle tête qui tient bien sur ce beau
corps ; ce serait dommage de l'en séparer.*

qui donnait l'entrée de ce pays libre à la seule puissance capable de balancer l'ambition autrichienne.

Victor-Amédée, se voyant privé de ses États par
la faute et par l'inconstance de Charles-Emmanuel,
résolut de s'accommoder et de vivre en bonne intelligence avec Louis XIII, son beau-frère. Victor trouvait plus de ressources du côté de la France, que de
celui de l'Espagne. Un accord secret entre ces deux
princes rendit le roi de France maître de Pignerol,
en échange de quelques terres prises dans le Montferrat.

Mazarin, dont l'adresse à concilier les esprits dans
la paix de Querasques, avait fait connaître la politique, fut chargé de la négociation. Il avait déjà
prévenu le duc de Savoie sur cette affaire, cependant le cardinal ne se fiait ni à l'un, ni à l'autre.
Quoiqu'il eût en ôtage le cardinal de Savoie, et le
prince Thomas son frère, que Victor-Amédée lui
avait envoyés, sous prétexte de les faire passer en
Flandre, le ministre n'avait pas oublié la facilité
avec laquelle Charles-Emmanuel leur père chan-
geait de résolution. Il voulut donc trouver un expé-
dient pour empêcher les Français de sortir de la place
et ce fut celui-ci dont on se servit.

Sur la fin de 1631, de concert avec le duc de Savoie, trois cents hommes restèrent cachés derrière
des sacs de blé, entassés les uns sur les autres dans
un grenier abandonné de la citadelle de Pignerol ;
et l'on fit courir le bruit que la peste était dans la
ville, surtout dans la citadelle. Cette ruse produisit
son effet; elle arrêta la foule des curieux, et elle
empêcha le commissaire impérial de faire des re-

cherches trop exactes. On ne s'aperçut de la supercherie, que lorsqu'il n'était plus temps d'y remédier
et sitôt que le commissaire eut donné sa décharge,
les trois cents Français sortirent de leur retraite, et
s'emparèrent de la citadelle. Ce fut ainsi que Pignerol demeura à la France jusqu'en 1696; à cette époque Louis le Grand le rendit à son premier maître.

L'empereur et l'Espagne se réunirent sur cette
action, et voulurent la faire passer pour une infrac-
tion au traité, mais Richelieu avait suscité d'autres
affaires plus intéressantes pour l'empereur, qui l'empêchèrent de songer à celle-ci.

Depuis longtemps le ministre français avait né-
gocié auprès des princes protestants d'Allemagne,
pour les détacher du parti de Ferdinand, en leur faisant connaître qu'il deviendrait trop puissant, s'ils ne
s'opposaient à l'élection de son fils pour roi des Ro-
mains.

Il avait fait encore une alliance entre la France
et la Suède, dont le nœud était si bien cimenté,
qu'elle paraissait devoir durer autant que les deux
couronnes. Le traité en fut signé le 22 janvier 1631;
et Gustave-Adolphe, roi de Suède, un des plus grands
capitaines de son temps, entra dans l'Allemagne avec
une puissante armée, s'empara de la Poméranie et
de la Saxe, gagna la fameuse bataille de Leipsig,
soumit la Bacine et la Franconie, battit les Impériaux
et les Danois, et donna tant d'occupations à l'empereur qu'il ne songea plus qu'à se défendre.

Ce grand homme ne jouit pas longtemps de ses
avantages. La mort le surprit au sein de la victoire.
Il fut tué à la bataille de Lutzen, qu'il avait livrée à

Wallenstein, général de l'empereur, et que son armée, accoutumée à vaincre, gagna après sa mort, sous la conduite du duc de Weimar son lieutenant.

La rapidité des conquêtes du roi de Suède commençait à donner de l'ombrage à la cour de France. On craignait que ce prince ne devînt trop puissant. C'est peut-être sur ce fondement, ou plutôt sur le refus qu'il fit de travailler avec le ministre de Louis XIII que quelques auteurs ont voulu mal à propos charger sa mémoire du meurtre de ce héros [1]. Ils prétendent que le cardinal s'en défit par jalousie ; d'autres plus judicieux, pensent différemment. Plusieurs disent que François-Albert, duc de Saxe-Lauenbourg, le fit tuer pour se venger d'un soufflet que Gustave lui avait donné. Puffendorf assure positivement qu'il perdit la vie par ordre de ce même Albert, à la sollicitation de l'empereur.

La guerre n'était pas terminée en Italie, que les cabales recommencèrent à la cour. Vers la fin de l'annés 1630, Louis XIII était retourné à Lyon, où il tomba dangereusement malade. Les reines ne quittaient point le chevet de son lit; et Marie de Médicis prit ce temps pour former le projet de perdre le cardinal, que son fils mourût ou non.

Les médecins épuisaient leur science, sans rien

1. L'histoire rapporte que Gustave, étant à la cour de France, voulut avoir une conférence particulière avec le roi, mais le cardinal la rompit, craignant que Louis XIII n'en sortît pas à son avantage, à cause de sa timidité et de la difficulté qu'il avait à s'énoncer. On dit à Gustave que Louis était incommodé, et que s'il voulait voir le cardinal, il traiterait avec lui, comme avec le roi. Gustave piqué, répondit qu'il avait coutume de traiter d'égal à égal, qu'il enverrait un de ses valets négocier avec le ministre du roi de France.

connaître à la maladie du roi. La nature seule, par
une opération simple, sauva les jours du monarque.
Il avait un abcès dans le ventre, qui creva de lui-
même, et Louis XIII recouvra peu à peu la santé.

La reine-mère voyant son fils hors de danger, se
livra entièrement à l'exécution de son dessein. Elle
y était excitée par quantité de personnes qui haïs-
saient le ministre. Le garde des sceaux, Marillac,
créature de cette princesse, entrait dans ses vues.
Le ministère que lui avait enlevé Richelieu par son
esprit transcendant excitait sa jalousie [1]. La princesse de Conti, la duchesse d'Elbeuf, et la maréchale
Ornano, attachées à Marie, embrassaient avec chaleur ses ressentiments. Elle-même, animée par l'espoir de devenir encore toute-puissante, persécutait
si fort son fils, qu'elle obtint la disgrâce de Richelieu, sitôt que la cour serait de retour à Paris. Contente d'avoir réussi, cette princesse se reposa sur la
parole du roi, dont elle attendait l'effet, non sans
impatience, mais montrant une si grande sécurité
que sa cour grossissait à vue d'œil.

Le prélat, averti de la cabale qu'on tramait contre lui, engagea le duc de Saint-Simon, grand-
écuyer, à parler en sa faveur. Ce favori, qui ne quit-
tait point le roi, servit à merveille le ministre. Il
lui fit connaître les bonnes dispositions de son maître, et la manière dont on obsédait ce monarque
pour le perdre.

---

1. Après la mort du connétable de Luynes, Marillac prétendait au
ministère. La reine-mère se déclara en faveur de l'évêque de Luçon,
et le fit nommer.

Le dessein de Louis était d'apaiser la reine sa mère, croyant que l'absence pourrait amortir la haine de cette princesse. Il proposa au cardinal de se retirer de la cour pendant quelques jours, lui promettant de ne rien négliger pour le faire revenir.

Mais le roi craignait que Richelieu dans sa retraite ne devînt la victime de ses ennemis. Il envoya chercher le duc de Montmorency, et ce prince employa les manières les plus engageantes, il alla même jusqu'à la prière, pour le charger de conduire le cardinal en sûreté dans son gouvernement du Languedoc. Sur-le-champ, Montmorency oublie les sujets de plaintes qu'il peut avoir contre le cardinal, qui ne lui rendait aucune justice sur la charge d'amiral qu'il lui avait enlevée, ni sur celle de connétable qu'il lui avait promise. Richelieu était malheureux, et son maître ordonnait; motifs suffisants pour ouvrir son cœur à la générosité et pour obéir.

Cependant le roi retourne à Paris, et la reine-mère ne cesse de chercher l'occasion d'aigrir son esprit, tandis qu'il ne s'occupe lui-même que des moyens de la ramener.

Louis voulut lui présenter le cardinal au palais du Luxembourg, où elle était; sitôt qu'elle l'aperçut, elle s'exhala en reproches et en invectives sur son ingratitude, le traita avec mépris, en le chassant lui et ses parents, de son service. La colère de Marie fut si violente, que le roi revint à son premier projet, et dit à Richelieu de s'absenter quelques jours; qu'il mettrait tout en usage pour adoucir cet esprit si altier. Alors le bruit se répandit qu'il était disgracié.

Le cardinal ne pensa plus qu'à suivre la volonté
du roi. Il se disposait à se rendre à Pontoise, lorsque
le cardinal de La Valette, son ami, le vint voir [1]. Le
trouvant occupé aux apprêts de son départ : « Que
faites-vous ? lui dit-il, vous êtes perdu si vous quittez la
partie. Qui pourra vous défendre dans votre absence ?
Le roi ne résistera jamais aux larmes de sa mère. Le
croyez-vous assez ferme pour tenir tête à tant de personnes qui veulent votre perte ? Non, il faut rester,
et vous n'avez qu'un parti à prendre. Le roi va à
Versailles ; allez le trouver, et tâchez de faire changer
sa résolution. »

Richelieu sentit la nécessité de suivre un conseil
aussi important ; il alla vers le roi, sous prétexte de
prendre congé ; et par son éloquence, il le persuada
si bien, qu'il fit tomber sur ses ennemis les accusations
qu'ils lui imputaient. A l'instant, les sceaux furent
redemandés à Marillac [2]. On envoya ordre d'arrêter
le maréchal son frère, qui commandait en Italie ; et
Louis XIII ramena à Paris le lendemain dans son ca-
rosse ce ministre qu'on croyait exilé. Autant la cour
de la reine-mère était devenue brillante et nombreuse,
autant le retour du cardinal avec le roi la rendit dé-
serte.

Si jamais un ministre se crut perdu, ce fut Richelieu en allant à Versailles, mais l'ascendant qu'il
avait pris sur l'esprit de son maître remit le calme
dans son âme. Son retour avec le roi fut un jour de
triomphe pour lui et bien funeste pour la reine-mère
et pour ceux de son parti, que les Français, toujours

1. Second fils du duc d'Épernon.
2. Le cardinal fit donner les sceaux à Châteauneuf.

avides de plaisanter, même sur les événements les plus sérieux, nommèrent la Journée des dupes.

Marie de Médicis vit exiler la princesse de Conti et les autres femmes qui lui étaient attachées. Cette reine fut elle-même obligée par la suite de s'enfuir de Compiègne, où elle était gardée, et de se réfugier dans les Pays-Bas. Richelieu, devenu plus puissant que jamais, mania l'esprit du roi avec tant d'art, que ce monarque, voyant la résistance obstinée de sa mère pour la réconciliation, ne prit plus d'intérêt à son sort. Le maréchal de Bassompierre fut mis à la Bastille, parce qu'il était ami de la princesse de Conti[1]; et le garde des sceaux Marillac fut conduit en prison.

Pour le maréchal son frère, il paya cher le conseil de faire arrêter le cardinal, si le roi venait à mourir. Quelques autres prétendent qu'il l'avait donné à la reine-mère lors de la maladie du roi à Lyon. Le fait est difficile à concilier. Ce maréchal commandait dans ce temps, avec La Force et Schomberg, l'armée destinée à faire lever le siége de Casal, et ce fut au milieu de cette armée qu'il fut arrêté. Son procès fut fait à Rueil, maison du cardinal, par une commission établie à ce sujet. Ne lui trouvant aucun crime d'infidélité envers son maître, le 10 mars 1632, les juges le condamnèrent pour celui de péculat, et malgré son innocence, dont il protesta jusqu'au dernier soupir, il fut conduit le même jour à la place de Grève, où il fut décapité. Cependant sa mémoire fut réhabilitée

---

1. Suivant le bruit public, la princesse de Conti avait épousé le maréchal de Bassompierre. Il resta environ dix ans à la Bastille, d'où il ne sortit qu'après la mort du cardinal.

par arrêt du parlement, après la mort du cardinal [1].

L'opiniâtreté de Marie causa sa perte et celle de son parti. Le roi fit nombre de tentatives pour le raccommodement qu'il désirait avec ardeur. Voyant qu'il ne pouvait rien obtenir sur un esprit aussi impérieux, le 23 février 1631, il prit la résolution de revenir de Compiègne, et d'y laisser cette princesse sous garde sûre.

Marie de Médicis, se voyant prisonnière, présenta requête au parlement, par laquelle, en donnant au cardinal les noms les plus odieux, elle se portait sa dénonciatrice et sa partie. Cette requête, loin d'être admise, fut renvoyée au roi sans être décachetée. Le parlement venait de recevoir une forte correction d'une semblable requête envoyée par Monsieur pour le même sujet, et à laquelle on avait fait droit. La plaie était récente, et ce corps ne voulait pas s'exposer à une nouvelle mortification.

Monsieur avait des serviteurs de qui il dépendait. Puis-Laurent et le président le Coigneux, lui faisaient

1. On prétend que les juges avaient été gagnés par le cardinal, et qu'il avait dicté lui-même l'arrêt contre Marillac.

Marillac eut de belles occasions pour se sauver, dont il ne voulut point profiter.

Quand il fut arrêté au château de Forcis, le maréchal de Schomberg lui conseilla de passer dans un cabinet voisin, et d'ôter son épée pour éviter l'affront de la lui prendre. Il aurait pu se jeter sur une charrette de foin qui était sous la fenêtre, où il n'avait que six à sept pieds à sauter.

A Rueil, des officiers lui firent proposer plusieurs fois de le tirer de prison. Il les refusa en disant : « Je suis innocent, et le roi est trop bon et trop juste pour m'abandonner. » La suite fit connaître qu'il ne faut pas toujours se fier sur son innocence. Sa perte, jurée par le cardinal, ne fut pas arrêtée par la justice de Louis XIII, dont la faiblesse était supérieure à la bonté.

faire ce qu'ils voulaient; deux ambitieux dont le but
était le même, mais de conduite différente; le dernier de mauvaise vie. Cela n'empêcha pas la cour de
promettre à Puis-Laurent le titre de duc et pair, et
au président de Coigneux le chapeau de cardinal, s'ils
engageaient Monsieur à protéger Richelieu et à faire
ses efforts pour le remettre en grâce avec la reine-mère.
Ces deux hommes pensaient que plus ils présente-
raient d'obstacles, plus on les accablerait d'honneurs.
Pour cet effet, ils firent entendre à Monsieur qu'il
devait se retirer. Ce prince, livré à leur volonté, sans
raison, sans sujet et sans réflexion, s'en alla chez le
cardinal, le 30 janvier 1631, lui faire des reproches
ce qu'on ne tenait point parole à ses serviteurs,
de lui rendre celle qu'il lui avait donnée de le protéger, et l'avertir qu'il se retirait dans sa ville d'Orléans.

Le roi ayant appris que son frère voulait fortifier
cette ville, ne lui en donna pas le temps. Dès le mois
de mars, il marcha pour le surprendre, mais Monsieur
le prévint, et se retira à Besançon; et Louis XIII, en
le suivant, passa par Dijon, où il fit déclarer criminels
de lèse-majesté ceux qui avaient embrassé le parti de
son frère.

Ce fut alors que Monsieur présenta sa requête au
parlement de Paris, par laquelle il protestait n'être
sorti du royaume que pour éviter les persécutions du
cardinal, et faisait des demandes pareilles à celles de
la reine sa mère. Cette requête fut cassée par un arrêt
du conseil, et le roi envoya sa délibération au parlement pour l'enregistrer. On délibéra longtemps sans
rien décider. Enfin, le 28 avril de cette année 1631

les juges se trouvèrent divisés, il n'y eut qu'un arrêt de partage.

Le ministre offensé se servit de l'autorité du roi pour réprimer la témérité d'un corps qui s'opposait à ses volontés. Louis XIII, qui n'agissait que par ses conseils, donna ordre au parlement de se rendre à pied, le 22 mai, dans la galerie du Louvre, où il fit apporter le registre des délibérations, et déchira lui-même, en présence de tout le monde, la feuille sur laquelle était inscrit l'arrêt de partage; ensuite, il y fit insérer celui de son conseil, avec défense au parlement de se mêler davantage des affaires de l'État, sous peine d'interdiction de charges.

Cet acte d'autorité que Richelieu fit faire au monarque fut un coup de foudre pour le parlement, et ôta toute ressource à la reine-mère, qui ne songea plus qu'à s'échapper de Compiègne, où elle était retenue.

Toutefois on lui offrait le gouvernement de Moulins ou d'Angers, à son option, à condition qu'elle y résiderait et qu'elle renoncerait à toute intrigue. Loin d'accepter la proposition qui pouvait lui donner quelque ressource, son génie vindicatif n'écouta que la haine. La Capelle, ville frontière de Picardie, fut le lieu qu'elle choisit pour sa retraite. Le cardinal en eut avis, et donna des ordres pour l'empêcher de la recevoir. Voyant cependant qu'elle courait à sa perte, il favorisa sous main son évasion à Bruxelles, le 22 juillet 1631.

Marie de Médicis fit une faute irréparable, dont elle eut lieu de se repentir; et Richelieu ne perdit pas cette occasion de fermer le cœur du roi à la tendresse maternelle. Il accusa cette reine d'être d'intelligence avec les ennemis de l'État, chez qui elle était allée chercher un asile. Sur ce seul exposé, son douaire et ses pensions furent supprimés ; et quelque instance qu'elle fît par la suite pour revenir en France, le cardinal aussi violent, mais plus actif et plus adroit dans sa haine et dans sa vengeance, empêcha le roi de lui accorder ses demandes.

Cependant elle ne se faisait point aimer à Bruxelles. Son esprit dominant était bien opposé au caractère bienfaisant de l'infante, dont la douceur ne s'occupait qu'à répandre sur ses sujets les influences de sa bonté. Elle se brouilla aussi avec Monsieur, qui s'était réfugié dans cette ville. Ne pouvant plus y rester, Marie de Médicis, fugitive et vagabonde, passa vers la fin de 1638 en Angleterre, auprès de la reine sa fille, où elle reçut les plus grands honneurs. Par la suite, on lui fit sentir qu'elle ne pouvait plus demeurer dans un pays où son séjour donnait de l'ombrage à la France.

En 1641, elle prit le parti de s'en aller à Cologne traîner une vie misérable et languissante, sans secours ni soulagement, où elle finit ses jours trop malheureux, le 23 juillet 1642.

Tel fut le sort de cette princesse, qui ne parut pas, dit un auteur célèbre de nos jours [1], ni assez surprise, ni assez affligée à la mort d'un de nos plus grands rois.

On voit de quelle manière le cardinal mit fin à la conspiration de Marillac, quoique la partie fût liée de façon qu'elle paraissait indubitable.

1. Le président Hénault.

Marie de Médicis, plus ambitieuse que prudente, présumait trop de son crédit. Voulant perdre le ministre, elle devait suivre de près la promesse que le roi lui avait faite à Lyon, sans attendre son retour à Paris ; alors elle aurait pu espérer de réussir, mais l'esprit vigilant de Richelieu profita de la nonchalance de ses ennemis. Il les perdit tous, prétendant qu'il devait mesurer sa vengeance à l'injure.

Richelieu était implacable ennemi, sans ignorer les droits de l'amitié. Aussi généreux dans ce tendre sentiment qu'extrême dans sa vengeance, il ouvrait volontiers son cœur au séduisant attrait de cette vertu. Quand on s'attachait à lui, on était sûr de réussir, et la sollicitation devenait inutile. Je n'en citerai qu'un exemple [1].

1. Charost, troisième fils de Béthune, ayant su par sa préférence captiver l'amitié de ce ministre, vint un jour le trouver, et lui dit : Monseigneur, il ne tient qu'à vous de faire ma fortune, sans qu'il en coûte rien au roi. — Comment cela, répondit le cardinal ? — En me mariant de votre main. — Volontiers, répliqua Richelieu ; que faut-il faire ? — Demander mademoiselle l'Escalopier ; certainement on n'osera refuser Votre Éminence. — Je le veux bien. Effectivement, le cardinal envoya demander cette demoiselle au président son père, qui lui donna deux cent mille écus de dot. Charost acheta la charge de capitaine des gardes-du-corps. Le ministre lui fit avoir le gouvernement de Calais, et le roi, par la suite, le fit duc et pair.

La manière dont Charost s'y prit pour se faire aimer du cardinal, mérite d'être rapportée. Ce gentilhomme n'avait que le cape et l'épée. Chaque jour il restait des heures entières dans l'antichambre du cardinal, attendant le moment où il sortirait pour se présenter. Cette assiduité déplut au ministre, qui donna ordre d'empêcher Charost d'entrer. Le jeune homme vint le lendemain, et les gardes lui refusent la porte. Charost se retira au passage, épiant l'instant où le cardinal irait à la messe. Richelieu sort ; les gardes le font encore retirer ; alors, voulant être aperçu, il s'avisa de les tromper par une ruse que personne peut-être n'avait imaginée. Il voit dans la

Vers le milieu de mai 1831, le roi désirant combler de grâces son ministre, érigea sa terre de Richelieu en duché-pairie pour lui, ses héritiers et successeurs, mâles et femelles.

Le complot de la reine-mère éteint, le cardinal
crut qu'il n'avait plus rien à craindre, et qu'il allait
gouverner en paix. Il s'occupa plus que jamais des
intérêts de son prince et de l'État, mais Gaston, le
plus cruel de ses ennemis, le seul peut-être qu'on
puisse rendre responsable des cruautés de Richelieu,
était bien éloigné de fixer ses incertitudes, et de
mettre fin à ses animosités. Toujours l'ami des envieux de la France, jamais celui de sa patrie, il sollicitait sans cesse le secours des étrangers. Incapable
de se conduire par lui-même, il donnait sa confiance
à des ambitieux qui lui rendaient de mauvais services. Infidèle envers ceux qui prenaient son parti, ce
prince recommença ses cabales et ses intrigues, et
passa pour la seconde fois en Lorraine. Le roi, accompagné du cardinal, le suivit jusqu'à Metz, où le
duc de Lorraine, après avoir perdu plusieurs places,
fut obligé de venir, le 6 janvier 1632, signer le
traité[1] que le roi lui présenta, ce qui força Monsieur de se réfugier dans les Pays-Bas.

Cependant on travaillait à fortifier son parti, et
l'on cherchait à gagner le duc de Montmorency. Ce
seigneur avait lieu de se plaindre du cardinal. La

muraille une niche disposée pour recevoir une statue. Il saute sur
le piédestal, et s'écrie : « Monseigneur, vos gardes m'empêchent de
pénétrer jusqu'à vous, mais si vous me chassez par la porte, je ren-
trerai par la fenêtre. » La saillie plut, et de ce moment, Charost
fut reçu familièrement.

1. Le traité de Vic.

duchesse [1], sa femme, nièce de Marie de Médicis, le baron de Saint-Jean, l'évêque d'Albi, patrie de ses parents [2], et ses domestiques [3], ne cessaient de l'irriter contre Richelieu. Pressé vivement par la duchesse sa femme d'embrasser le parti de la reine-mère et de Monsieur, il lui dit : « Eh bien ! madame, vous le voulez ; vous serez satisfaite. Mais souvenez-vous qu'il ne m'en coûtera que la vie. » La duchesse voulut répliquer ; il lui ferma la bouche par ces mots : « Cessons d'en parler ; la chose est résolue, et je ne me repentirai pas le dernier. » Dès lors, ce héros devint rebelle, et mit ses soins pour soulever le Languedoc en faveur de Monsieur.

Ce prince, empressé de faire de fausses démarches et de suivre les chimériques visions de ceux dont il dépendait, se dépêcha d'entrer dans le royaume avec des troupes étrangères, vers le milieu de l'an 1632, passa par l'Auvergne, sans voir aucune de ces provinces se déclarer pour lui, et vint trop tôt trouver Montmorency, qui n'avait encore que préparé les esprits pour le recevoir. Ce fut alors que le duc reconnut sa faute, dont il entrevit l'énormité ; et quoiqu'il reçût avis de toutes parts que le conseil de Monsieur ne voulait que le perdre, la magnanimité de son entreprise lui fit croire son honneur trop engagé pour reculer ; il risqua tout pour tenir sa parole.

Le duc d'Orléans, avec une armée de dix mille hommes, s'avança pour couvrir Castelnaudary, capi-

1. Marie-Félix des Ursins.
2. Desportes.
3. L'Epineau et Meranger.

tale du Lauraguais, dont le maréchal de Schomberg, qui commandait l'armée royale avec moitié moins de troupes, voulait s'emparer. Le duc de Montmorency, aux ordres de qui Monsieur avait remis la sienne, la fit ranger en bataille. Ensuite, il alla trouver ce prince, et lui annonça que sa position était si avantageuse, que s'il voulait donner, il était assuré de la victoire.

Quelle journée plus malheureuse que celle du 1er septembre 1632! Elle fut la source des larmes de presque toute la nation. Quel combat plus funeste que celui de Castelnaudary ! La France vit un de ses plus vaillants défenseurs devenir un ingrat, et prendre les armes contre son roi. On ne peut se rappeler la rébellion de Montmorency sans ressentir toute l'horreur du crime mêlée de la plus tendre compassion sur le sort du criminel. Montmorency vertueux, la fortune le couvre de son aile. Vainqueur sur mer et sur terre, la victoire le couronne à l'île de Ré, à Veillane, à Carignan. C'est la récompense de sa fidélité. Montmorency infidèle, tout l'abandonne. C'est un téméraire vaincu, désespéré, obligé de se rendre, que cependant, tout criminel qu'il est, on aime, on admire, et qu'on voudrait sauver.

Je ne m'arrêterai point à décrire le combat de Castelnaudary ; que dirai-je qui ne soit connu? Personne n'ignore que Montmorency craignait l'inconstance du duc d'Orléans, et qu'il ne changeât d'avis, comme il fit en effet. Dès qu'il apprit que ce héros avait été porté à terre, loin d'aller à son secours, ce prince jeta ses armes, dit qu'il ne s'y jouerait plus et s'en alla. On sait encore que Montmorency, n'écou-

tant que son courage, s'exposa avec témérité, donna
dans une embuscade, fut blessé et pris dans un fossé,
son cheval tué sous lui[1].

Le but de Monsieur, en prenant les armes contre
son frère, était, selon qu'il le publia, de faire ouvrir
les yeux sur la conduite du ministre. Il le traitait
d'usurpateur, et voulait, disait-il, réprimer les abus
de son administration, motifs suggérés par la haine
et par la jalousie de ses favoris. Alors le roi, suivant le conseil du cardinal, vint au Parlement faire
enregistrer une déclaration fulminante contre Monsieur et contre ceux de son parti. Elle les rendait
criminels de lèse-majesté, et ordonnait de procéder
sur-le-champ contre eux à toute rigueur. Le duc
d'Orléans seul eut six semaines de délai.

Ce prince profita de ce temps pour s'accommoder. Le 29 décembre 1632, il déclara et signa qu'il
avait toujours estimé le cardinal pour sa fidélité au
roi et à l'État. Il écrivit ensuite à son frère et au ministre des lettres pleines de compliments, et finit par
faire ce qu'on voulait, sans avoir assez de fermeté
pour obtenir le pardon de Montmorency. Ce duc après
avoir étouffé les ressentiments légitimes, et rejeté
les sollicitations les plus vives de ses amis, ne put
tenir aux instances réitérées de la duchesse sa femme.

1. Montmorency se rendit à Saint-Preuil, alors capitaine aux gardes. Dans le temps que cet officier, aidé de ses sergents, cherchait à
le dégager de dessous son cheval, Montmorency lui dit : « Si j'avais
été aidé des miens, j'aurais fait un bel *escart*. — « Sans doute, monseigneur, lui répondit un des sergents, si vous aviez eu pour
compagnons ceux qui vous ont suivi à Veillane. »
Remarquez que ce sergent s'y était trouvé aux ordres de ce duc,
qui combattait alors pour son roi.

Funeste complaisance ! Il fut le seul des révoltés qui perdit la vie.

Lorsque Montmorency fut arrêté, le cardinal prit sur-le-champ son parti sur le sort qu'il lui préparait. Vengeance ou politique, le ministre inspira au roi qu'il ne devait point pardonner.

La politique seule eut part en cette affaire. Quelle vengeance Richelieu pouvait-il exercer contre un homme dont il avait enlevé les charges, et cependant qui avait eu assez de grandeur d'âme pour lui offrir un asile dans le temps qu'il craignait d'être disgracié ?

Le ministre regardait comme un coup de partie pour l'État et pour son autorité de punir un rebelle de cette importance. L'exemple de la plus grande sévérité, quand il est public, fait ordinairement rentrer dans le devoir. Cette maxime rigoureuse, goûtée par Louis XIII, rendit la perte de Montmorency assurée ; et pour éviter les sollicitations de toute la cour, le cardinal, malgré le Parlement de Paris, qui réclamait l'affaire du coupable en vertu de la qualité de duc et pair, le fit juger par celui de Toulouse où la cour s'était rendue, le garde des sceaux et six maîtres des requêtes à la tête.

Montmorency, convaincu d'avoir porté les armes contre son souverain, fut déclaré criminel de lèse-majesté, le 30 octobre 1632, et comme tel, condamné à porter sa tête sur l'échafaud. A cette nouvelle, il n'est point étonné. Il connaît son crime, et veut l'expier. Son courage lui fait trouver dans l'ignominie du supplice des ressources de consolation pour l'avenir. Chacun veut le sauver ; lui seul désire de

mourir, et d'effacer de son sang la tache de la re-
bellion.

Ses parents, ses amis, les grands du royaume,
tombent aux pieds du roi, pour émouvoir sa clémence. L'un offre sa personne [1]; un autre veut être
sa caution sur sa tête [2]; un troisième demande à se
démettre de ses charges [3]. Le soldat oublie sa féro-
cité, verse des larmes, et s'attendrit sur le sort de
ce héros. Le peuple consterné s'assemble autour
du palais, et fait voler les cris de miséricorde et de
grâce jusqu'au trône. Le clergé en corps assiste à
des processions solennelles pour implorer le secours divin. Tout est dans la plus grande alarme.
Louis XIII, animé de l'esprit de Richelieu, reste
fidèle au ministre et demeure inexorable [4].

1. Le duc de Chevreuse.

2. Le duc d'Epernon, dans son discours, répond sur sa tête de la
fidélidé du duc de Montmorency, si Sa Majesté veut lui faire grâce.
Voyant que le monarque tenait les yeux baissés en terre sans le
regarder, ni daigner lui répondre, il le supplie de lui permettre de
se retirer, ce qui lui fut accordé.

3. Le duc de Saint-Simon, grand-écuyer.

4. Saint-Preuil se mit aussi sur les rangs. N'étant point effrayé
du refus que le roi faisait à tous les grands de la cour, il osa demander la grâce de ce criminel, et crut que son zèle pour celui qu'il
nommait son maître, suffirait. Le cardinal, choqué de cette témérité,
lui dit en jetant un regard fier et menaçant : « Saint-Preuil, si le roi
vous rendait justice, vous auriez la tête où vous avez les pieds. »

Tout le monde demandait la grâce du coupable. Paul-Henri du
Châtelet mit tant d'âme et tant de chaleur dans le discours qu'il fit
au roi en faveur de Montmorency, que le monarque dit : « Je crois
que du Châtelet perdrait volontiers un de ses bras pour sauver
Montmorency. — Ah! sire, s'écria du Châtelet, je voudrais les avoir
perdus tous deux, car ils sont inutiles à Votre Majesté, et en avoir
sauvé un qui vous a gagné des batailles, et qui vous en gagnerait
encore. »

Montmorency, insensible alors pour le monde, dépose dans le sein d'un ami consolateur l'impatience où il est de rendre à l'auteur de la nature le tribut qu'il lui doit. La seule grâce qu'il obtient est d'être exécuté à huis-clos, et d'avoir la liberté de disposer de ses biens. Il en profita pour récompenser ses domestiques, faire des legs pieux, du bien même à ses ennemis [1]. Enfin, le moment arrive ; il passe dans l'hôtel-de-ville au milieu des gardes qui le saluent, monte sur l'échafaud, et meurt en héros chrétien aimé, respecté et pleuré par tout le monde.

Le cardinal, en se rendant aux vœux de la France, se serait immortalisé sans doute par un acte généreux ; mais la politique lui fit entrevoir des dangers infinis. Le plan de ce ministre, que les malheurs des temps avaient forcé de suivre pour contenir les grands, empêcher les rébellions trop fréquentes, et relever l'autorité dont Louis XIII ne pouvait seul soutenir le fardeau, n'était pas compatible avec le parti de la douceur. Le duc était rebelle. Plus le coupable est illustre, moins le crime doit être pardonné. Si le roi eût fléchi, à quoi l'État ne pouvait-il pas être exposé ? l'exemple était donc nécessaire.

Plusieurs évêques, amis du duc, s'étaient enga-

Guitaut, capitaine aux gardes, fut confronté au duc de Montmorency ; interrogé s'il n'avait point vu le maréchal dans la mêlée, il répondit les larmes aux yeux : « Le feu et la fumée m'empêchaient d'abord de le distinguer ; mais voyant un homme qui, après avoir rompu six de nos rangs, tuait encore des soldats au septième, je jugeai que ce ne pouvait être que M. de Montmorency, et j'en fus assuré lorsque je le vis à terre sous son cheval tué sur lui. »

1. Montmorency envoya au cardinal un tableau de grand prix que ce ministre avait paru désirer.

gés dans la révolte. A la sollicitation du cardinal, le roi demanda au pape Urbain VIII des commissaires pour les juger. Le ministre n'aimait pas les longueurs. Il porta le roi à déroger, pour cette fois seule, aux libertés de l'église gallicane [1]; et il empêcha le clergé de France de s'y opposer. La cour de Rome saisit avec avidité cette occasion d'exercer ses prétendus droits. Elle nomma pour commissaires l'archevêque d'Arles, et les évêques de Saint-Flour et de Saint-Malo. Partie des coupables fut renvoyée chacun dans son diocèse [2]; l'autre privée de son temporel [3].

Aussitôt que Montmorency fut exécuté, le roi se rendit à Paris, et laissa au cardinal le soin de ramener la reine avec toute la cour. Le ministre la fit conduire par son gouvernement du Brouage, pour aller à la Rochelle, sans avoir la satisfaction de la recevoir lui-même à Richelieu. Il tomba malade à Bordeaux.

Cependant Monsieur restait tranquille à Tours, lieu désigné pour sa retraite. Se fiant aux paroles ambiguës du surintendant Bullion, que le cardinal lui avait envoyé de la part du roi pour le faire rentrer dans son devoir, il espérait à tout moment qu'on allait lui annoncer la grâce de Montmorency. Quand il apprit sa mort, il jeta feu et flamme; ou plutôt on lui persuada qu'il devait en témoigner un

1. L'article porte que les évêques en France ne peuvent être jugés que dans le concile de leurs provinces.

2. Les évêques de Saint-Pons, Alais et Lodève.

3. Ceux de Nîmes et d'Albi. Ce dernier fut dégradé et renfermé dans un cloître.

vif ressentiment : il eut donc recours à la vengeance ordinaire. Le 16 novembre 1632, Monsieur sortit pour la troisième fois du royaume, et se rendit à Bruxelles auprès de l'infante, où il comptait voir la reine sa mère ; mais cette princesse, mécontente de ce qu'il l'avait oubliée dans son accord avec le roi, sortit pour l'éviter.

Au commencement de 1633, la cour apprit la mort de Gustave-Adolphe, tué à la bataille de Lutzen : moment encore plus honteux pour les Impériaux par leur perfidie, que par leur défaite ; et bien glorieux pour les Suédois qui songèrent moins à la victoire, qu'au désir de venger la mort de leur roi.

Le cardinal fit tenir un conseil dans lequel il représenta la nécessité de soutenir les Suédois, et d'aider les alliés à quelque prix que ce fût. Après avoir discuté l'obligation où se trouvait la France de donner beaucoup d'occupations à la maison d'Autriche, il fut résolu de continuer la guerre, sans se déclarer. On renouvela le traité avec les Provinces-Unies et les protestants d'Allemagne, en leur laissant le soin de porter la guerre dans l'Empire et dans les Pays-Bas. Les Hollandais et les ministres de ces pays étaient en négociation ; le cardinal la rompit, et se servit des Hollandais pour recommencer les hostilités. Le 3 janvier 1633, ils prirent la ville de Reimberg.

Les affaires du dehors n'occupaient pas seules le ministre. Son esprit vigilant ne perdait pas de vue ce qui se passait dans l'intérieur ; il ne lui suffisait pas d'arrêter les desseins ambitieux des ennemis de l'État, en les forçant de rester sur la défensive, il songeait encore à détruire les abus qui se glissaient dans le gouvernement.

Le président de Mesme avait été exilé pour des mécontentements qu'il avait donnés à la cour. Le parlement envoya des députés vers le roi solliciter le rappel de ce magistrat. La demande fut trouvée indécente et trop hardie. Le 12 avril 1633, Louis, par le conseil du cardinal, vint au palais censurer ce corps, lui défendre aucune remontrance, et lui ordonna d'envoyer à l'avenir, suivant l'ancien usage, quatre présidents le recevoir à genoux hors de la chambre. En même temps, il fit supprimer les charges des magistrats attachés à la reine-mère et à Monsieur [1].

Le 25 février de cette année, Richelieu avait fait ôter les sceaux à Châteauneuf, auparavant sa créature. On rapporte qu'il avait surpris des lettres de ce garde des sceaux à la duchesse de Chevreuse. Elles furent le sujet de sa disgrâce et de son emprisonnement au château d'Angoulême, sous prétexte d'avoir causé des brouilleries à la cour.

Le chevalier du Jars eût augmenté le nombre des victimes immolées au ressentiment du ministre, s'il en eût trouvé la plus légère conviction. Il était ami de Châteauneuf; et le cardinal crut découvrir le secret de son rival, s'il en intimidait le confident.

Du Jars fut accusé d'avoir voulu faire passer en Angleterre Marie de Médicis et Monsieur. Sur ce simple exposé, on l'enferma à la Bastille. Ne trouvant aucune preuve contre lui, les juges allaient lui rendre la liberté, lorsque Richelieu leur ordonna de le condam-

1. Payen, conseiller-secrétaire de la reine-mère; Le Coigneau, premier président attaché à Monsieur.

ner à perdre la tête, les assurant qu'il aurait sa grâce.
Trop accoutumés à la complaisance, ces mêmes juges
qui le trouvaient innocent obéirent. On le mena à
l'échafaud, et l'instant où il croyait recevoir le coup
mortel fut celui qui le rappella à la vie. On cria *grâce;*
alors on lui exagéra la bonté du roi en l'exhortant de
révéler les intrigues de Châteauneuf. « Il n'en a formé
aucune, dit du Jars; si j'en connaissais, je ne les
déclarerais pas. L'image de la mort n'ayant pu m'ef-
frayer, rien ne serait capable de m'arracher le secret
de mon ami. »

On ne doit pas être étonné de voir Richelieu rempli
de soupçons. En butte à l'envie, ses ennemis avaient
juré sa perte, mais son génie le garantissait, et son
bonheur le tirait du péril.

Au mois d'octobre 1633, on arrêta à Metz, où le
roi séjournait, un homme aposté [1] par le père Chan-
teloup, confident de la reine-mère. Il avoua qu'il était
venu dans le dessein d'assassiner le cardinal, et désigna le lieu qu'il avait choisi pour exécuter son coup.

Le roi alarmé du danger qu'avait couru son ministre, fit joindre à ses gardes une compagnie de cent
mousquetaires, que ce prince choisit lui-même, et
qu'il augmenta l'année suivante jusqu'à quatre cents.
Louis XIII ne laissait échapper aucune occasion de
le combler de grâces. Le mois de mars précédent, il
l'avait décoré du cordon de ses ordres et reçu commandeur.

---

1. Un nommé Alfestin qu'on vit arriver sur un des chevaux de la
reine-mère. Il se posta dans un endroit où Richelieu avait coutume
de passer chaque jour; son bonheur voulut qu'il prît un autre chemin le jour que cet Alfestin devait l'assassiner.

Depuis longtemps la Lorraine excitait l'envie de la France. Les rois prédécesseurs de Louis XIII avaient inutilement cherché les occasions de s'en emparer. Sa situation faisait l'objet de leurs désirs, et le cardinal crut qu'il fallait profiter de celle qui se présentait naturellement.

Les révoltes perpétuelles de Monsieur; l'asile qu'il allait chercher auprès du duc de Lorraine; les secours qu'il en obtenait; l'inconstance de Charles IV; sa haine pour la France; son refus de rendre hommage au roi pour le duché de Bar; tous les procédés de ces deux princes déterminèrent le ministre. Il ne pouvait trouver un moment plus favorable.

Monsieur, d'intelligence avec ce duc, s'était plusieurs fois réfugié dans ses États. Le traité de Vic et celui d'Iverdun [2] n'arrêtaient ni les intrigues du duc Charles, ni ses liaisons avec le duc d'Orléans. Elles devinrent encore plus étroites par le mariage de ce prince avec sa sœur Marguerite de Lorraine, qu'il épousa à la sollicitation de son favori Puis-Laurent.

Le cardinal voulait fixer Monsieur à la cour et le faire dépendre de lui, en le mariant de sa main. Outré de voir son projet échoué, il s'en prit au duc de Lorraine et médita sa perte.

Déjà les armes du roi avaient pénétré pour la seconde fois dans la Lorraine. Elles occupaient Pont-à-Mousson, Bar-le-Duc et Saint-Mihiel, lorsque Charles s'empressa de faire le traité d'Iverdun, le 26 juin 1633.

Cependant, malgré sa parole et ses engagements,

1. Janvier 1633.
2. Juin 1633.

ce prince entretenait toujours commerce avec le duc d'Orléans. Il avait promis de s'attacher à la France, de cesser ses liaisons avec Monsieur, et de ne recevoir chez lui aucun ennemi du roi sans distinction quelconque. Non-seulement il manquait à sa parole; il éludait encore l'hommage qu'il devait au roi, et levait des troupes pour l'empereur.

Le ministre, voyant son manque de foi, décida la conquête de ses États. On commença par procéder juridiquement contre lui pour le duché de Bar. Après les formalités requises par le procureur général, le 30 juillet 1633, ce duché fut confisqué et réuni à la couronne par arrêt du parlement. On marcha en même-temps vers Lunéville, et le roi, avec le cardinal, vint mettre le siége devant Nancy.

Le duc, qui craignait les reproches du roi, envoya le cardinal son frère au-devant de lui jusqu'à Château-Thierry. Le lendemain de son arrivée, le cardinal-ministre alla trouver ce prince, et lui déclara qu'aucune proposition ne serait écoutée, si Nancy n'était auparavant déposée pour sûreté de la parole de son frère; et que cette place resterait au pouvoir du roi, si le duc faisait la plus légère entreprise contre la France.

Le cardinal de Lorraine fit ce qu'il put pour détourner Richelieu de cette résolution. Voyant la fermeté de ce ministre, il prit le parti de faire évader la princesse Marguerite déguisée en homme, et de l'envoyer à Bruxelles, à son mari.

La nouvelle que la cour en reçut déplut autant au roi qu'à son ministre. Elle servit à faire avancer le siége, et le duc, se voyant trop pressé, signa au mois de septembre 1633, un troisième traité à Charmes, dont le roi venait de s'emparer, par lequel il donna Nancy en dépôt pour gage de l'exécution du traité de Vic, et promit de faire revenir la princesse sa sœur, et de la mettre entre les mains de Louis XIII.

Le duc de Lorraine était un de ces caractères légers, qui promettent tout pour se tirer d'un mauvais pas où leur imprudence les entraîne, et qui se servent de toutes sortes de ruses pour manquer à leur parole.

Avant de sortir de Nancy pour se rendre au camp de Louis, Charles avait défendu au gouverneur de livrer la place, quelqu'ordre qu'il en reçût, sans une certaine marque dont ils convinrent. Cette finesse aurait pu réussir avec tout autre que le ministre français. On découvrit la supercherie, et sous prétexte de lui rendre plus d'honneurs, on redoubla sa garde. Ce fut alors que Richelieu l'obligea d'envoyer la véritable marque au gouverneur; et le 24 septembre 1633, Nancy reçut garnison française.

Quatre mois s'écoulèrent sans qu'on se mît en devoir d'exécuter l'article du traité de Charmes, concernant la princesse Marguerite, lorsque le 19 janvier 1634, Charles céda par collusion ses États à son frère, cardinal de Lorraine. Ce nouveau duc en envoya faire part au roi et au cardinal de Richelieu. Ce ministre alors n'eut aucun ménagement pour ces princes, et il fit investir Lunéville. Les deux frères furent obligés de sortir de leurs États, et Louis XIII resta maître de la Lorraine, et la garda jusqu'au 3 avril 1641; à cette époque il la remit à Charles sous des conditions rigoureuses [1].

1. Les rois de France, avant Louis XIII, avait longtemps désiré

Monsieur s'ennuyait à Bruxelles, où il s'était retiré depuis la mort de Montmorency ; et Puis-Laurent,
son favori, ne pouvait se consoler d'être éloigné de la
source des faveurs. Ce favori fit proposer au cardinal
de lui donner en mariage une de ses parentes ; qu'à
cette condition, il porterait son maître à l'obéissance
et à la soumission. La proposition fut d'autant plus
agréable à la cour que le désir de revoir Monsieur
égalait au moins l'impatience qu'il avait de revenir.

D'Elbene, chargé par la cour, eut plusieurs confé-
rences à ce sujet avec Puis-Laurent. Le plus grand obstacle venait du mariage de Monsieur avec la princesse
Marguerite. Le cardinal voulait le faire casser par le
parlement de Paris et par les casuistes, non comme
disproportionné, mais vu le défaut du consentement
du roi. Gaston eut assez de fermeté dans cette occasion, et c'est peut-être le seul exemple qu'on puisse
citer, pour résister aux sollicitations et même à l'em-
pressement de son favori.

Cependant les difficultés se levèrent. Quoique le
parlement eût déclaré nul le mariage de Monsieur,
le 5 septembre 1634 le roi promit à son frère de ne
point gêner sa conscience ni sa volonté. L'accord se
fit le premier octobre suivant. Monsieur fut rétabli
dans ses biens, ses honneurs et dans son apanage ;
et Puis-Laurent obtint le duché d'Aiguillon avec le

---

la Lorraine sans avoir pu s'en emparer. Richelieu la mit entre les
mains de son roi, qui ne voulut point la garder; Mazarin sous
Louis XIV, ne put la retenir. Des circonstances plus heureuses dont
le ministre pacifique de Louis XV a su profiter, l'ont réunie à la cou
ronne, par un accord fait avec le duc, lorsqu'il est parvenu à l'Empire, en lui cédant le duché de Toscane.

gouvernement du duché de Blois. Ensuite, il épousa mademoiselle de Pont-du-Château, cousine du ministre.

Quelque temps auparavant, on avait attenté à la vie de ce favori de Gaston. Le 3 mai de cette année 1634, en montant au palais de Bruxelles pour se rendre auprès de Monsieur, il fut blessé à la joue d'un coup de carabine. On trouva la carabine dont on ne put tirer d'indice. L'assassin se sauva, et Monsieur fit grand bruit. Ne sachant à qui s'en prendre, les uns accusèrent la reine-mère; d'autres soupçonnèrent les Espagnols qui avaient, disait-on, découvert la négociation.

Quoiqu'il en soit, pour ôter tout soupçon aux Espagnols, et forcer en même temps le cardinal de presser le retour de Monsieur, Puis-Laurent fit faire à son maître, le 12 du même mois, un traité avec l'Espagne, par lequel ce prince promettait de n'écouter aucun accommodement sans le consentement de Sa Majesté catholique; et qu'en cas de rupture entre les deux couronnes, Monsieur serait obligé de se décider en faveur de la maison d'Autriche. Enfin, ce favori lia le duc d'Orléans de manière que cette maison ne devait plus avoir de doute sur son compte. Le traité fut envoyé au roi d'Espagne pour le ratifier : mais le retour ne fut pas heureux. Le vaisseau qui le portait échoua au Pas-de-Calais; les Français le prirent, et trouvant ce traité, le firent passer à la cour.

Le hasard produisit l'effet que Puis-Laurent désirait. Le cardinal voyant ce traité, s'empressa d'accorder ce que Monsieur demandait. On ne songea plus qu'à tromper l'Espagne, afin de procurer au

duc d'Orléans la facilité de revenir en France. Le
8 octobre 1634, à huit heures du matin, sous prétexte d'une partie de chasse, Gaston sortit de Bruxelles, et prit le chemin de la Capelle, où il arriva
avec une douzaine de personnes de sa suite. De là, il
se rendit à Saint-Germain auprès du roi, et vit le
cardinal à qui il fit beaucoup de caresses.

Puis-Laurent, comblé du succès de son entreprise,
ne ménagea plus son bienfaiteur. Il crut qu'il allait
devenir lui-même le dispensateur des grâces. Le
cardinal lui fit espérer le bâton de maréchal de France
avec le commandement d'une armée, s'il voulait
engager son maître à consentir à la nullité de son
mariage. On dit que ce ministre avait dessein de
s'approcher du trône, en mariant la duchesse d'Aiguillon sa nièce, au frère du roi. Cette dame était
belle, titre bien avantageux, mais d'autant plus dangereux, qu'il fait soupçonner la vertu de celle qui
le porte. Cependant sa fierté surpassait encore ses
appas. Si le cardinal eût réussi, quelle gloire pour
cet esprit ambitieux !

Puis-Laurent, comptant n'avoir plus besoin du
cardinal pour se soutenir, se moqua de sa proprosi-
tion. Dès lors, le ministre trop vindicatif pour pardonner une insulte, même à son meilleur ami, médita
la perte du favori de Monsieur. Elle fut décidée pour
le 24 février 1635 ; il se vit arrêté dans la chambre
du roi par le marquis de Gordes, et conduit à Vincennes où il mourut le 1er juillet suivant.

La quantité de complots qui se tramaient contre
Richelieu n'empêchaient pas son esprit pénétrant
de donner ses soins aux affaires de l'Allemagne.

Depuis la mort de Wallenstein, général des troupes de l'empereur, lequel fut tué à Egra le 15 février 1634, par ordre de son maître, pour avoir voulu lui ôter la couronne de Bohême; et depuis la célèbre bataille de Nordlingen, perdue par les Suédois le 6 septembre de la même année, il semblait que le parti de l'empereur allait prendre une face plus favorable.

Le cardinal, craignant que ce prince ne tournât ses forces contre la France, et ne les joignît à celles de l'Espagne, pour pénétrer dans l'intérieur du royaume, s'empressa de renouveler l'alliance avec les États-Généraux, leur fit continuer la guerre en leur nom, et fit un nouveau traité avec les Suédois, qui cédèrent Philipsbourg au roi.

Transporté de joie d'avoir une place de cette importance en état de couvrir la Lorraine et l'Alsace, dont Louis XIII était devenu maître pour la plus grande partie, le ministre se crut dans une parfaite sécurité, mais Philipsbourg fut surpris au commencement de 1635 par les Impériaux, et le 26 mai de la même année, ils s'emparèrent de Trèves, dont ils firent l'électeur prisonnier.

Ce fut alors que les craintes de Richelieu commencèrent. La douleur qu'il ressentit de l'avantage des Impériaux lui devint d'autant plus sensible, qu'il avait eu soin d'approvisionner Philipsbourg de vivres, d'hommes et d'argent, et que cette place avait considérablement coûté à la France, pour la faire sortir des mains des Suédois.

Si la prise de Philipsbourg abattit le cardinal au point de s'abandonner au chagrin, la nouvelle de la

prise de Trèves releva son courage, et le tira de l'espèce d'engourdissement dans lequel il se trouvait
plongé. Il fit tenir un conseil au roi, et résolut de
déclarer ouvertement la guerre à l'Espagne ; diver-
sion nécessaire pour affaiblir les forces de l'empereur. Il fit encore, le 11 juillet de la même année 1638,
une ligne offensive et défensive avec les ducs de
Parme et de Savoie, et lia plus étroitement la France
avec les Suédois pour les affaires de l'Allemagne, et
les États-Généraux, le prince d'Orange à leur tête,
pour celles des Pays-Bas. Ainsi le feu s'alluma plus
que jamais dans l'Italie, dans la Flandre et dans
l'Allemagne.

Les avantages furent à peu près égaux, excepté
en Italie, où le progrès des armées confédérées fut
arrêté par la mésintelligence des chefs. Cependant le
duc de Rohan battit deux fois les Espagnols aux
ordres de Serbellon, dans la Valteline, sur la fin
de 1635. Le 18 avril 1636, il les défit encore sur les
bords du lac de Côme ; et le marquis de Leganès
fut vaincu, le 23 juin 1636, au combat du Tessin, par
le duc de Savoie et le maréchal de Créqui.

Pendant que le cardinal de la Valette[1] profitait
de ses avantages en Allemagne sur les troupes de
l'empereur, commandées par Gallas, celui-ci s'en ven-
geait sur les Suédois, qui forcèrent à leur tour les
Impériaux de lever le siége de Hanau le 21 juin 1636.

De son côté, le maréchal de Châtillon venant au
secours du maréchal de Brezé, lui fit gagner la ba-

---

1. Le cardinal de la Valette, second fils du duc d'Épernon, avait
le cœur plus martial qu'apostolique. Il s'appuya sur l'exemple de
Richelieu son ami pour obtenir le commandement des armées.

taille d'Avin le 20 mai 1636. Ensuite, ces généraux marchèrent vers Tillemont qu'ils emportèrent l'épée à la main, mais les Espagnols eurent leur revanche l'année suivante sur la Capelle, ville frontière de la Picardie. Ils la prirent le 29 juillet 1636, ainsi que le Catelet, et s'emparèrent de Corbie le 25 du mois d'août suivant.

A cette nouvelle, la consternation devint générale. Le cardinal fut effrayé. Paris crut voir l'Espagnol à sa porte. Cette ville leva vingt mille hommes, donna de fortes contributions, et l'on convoqua le ban et l'arrière-ban.

Cependant le roi arrive au camp avec cinquante mille hommes, et force l'Espagnol de repasser la Somme. Alors le comte de Soissons et le maréchal de Châtillon, sous les ordres de Monsieur, formèrent le siége de Corbie, qu'ils reprirent le 10 novembre, pendant que le cardinal de la Valette et le duc de Weimar repoussaient au delà du Rhin les troupes de l'empereur, qui avaient pénétré dans la Bourgogne.

Ce fut pendant ce siége que l'heureuse étoile du cardinal le tira du plus grand péril qu'il eût couru jusqu'alors. Il logeait à Amiens où se tenait le conseil, et le roi y venait tous les jours du château du Murin en deçà de la Somme.

Le comte de Soissons, prince aimable et bien fait, mais fin et emporté, s'était rendu recommandable dans l'esprit des mécontents par son aversion pour le cardinal. Il évitait avec adresse les piéges qu'on lui tendait pour lui faire épouser madame de Combalet, nièce de ce ministre. Celui-ci ne l'aimait pas davantage ; ils se craignaient tous deux ;

mais Richelieu faisait céder sa haine à l'ambition.
C'était une grande imprudence de la part du ministre d'avoir réuni le comte de Soissons avec le
duc d'Orléans, ses deux plus grands ennemis, dans
un temps surtout où ces princes pouvaient tout oser
pour le perdre. Cette faute pensa lui coûter cher.

Montusa avait pris la place de Puis-Laurent auprès de Monsieur, et Saint-Ibal, son parent, était attaché au comte de Soissons. Ces gentilshommes formèrent le dessein de lier les deux princes d'amitié et
d'intérêt pour se défaire du cardinal. Ils lui firent
agréer le projet de l'assassiner en leur présence ; et
le moment de l'exécution fut arrêté à la sortie du
conseil.

Le jour pris, après le départ du roi, le cardinal
descend les degrés au milieu des princes ; Montusa derrière lui, les yeux fixés sur Monsieur, n'attendant que le signal pour frapper ; Saint-Ibal.
quelques pas plus loin, prêt à le seconder ; deux
hommes instruits du secret pour les secourir et les
aider, et quantité de gentilshommes, et plusieurs
officiers de l'armée, au cas qu'ils eussent besoin de
main-forte.

Tout ainsi disposé, le cardinal n'en pouvait revenir sans un coup du ciel, lorsque la frayeur saisit
Monsieur ; ce prince se met à fuir, et court dans la
chambre du conseil. Montusa le suit, en lui disant
qu'il veut se perdre. Monsieur troublé lui répond
qu'il lui est impossible de donner un pareil ordre.

Pendant ce temps, le comte de Soissons reste à
causer tranquillement avec le ministre, qui, ne
voyant point revenir Monsieur, quitte le comte, et

monte dans son carrosse, non sans soupçon de quelque complot qu'on lui confirma dans la suite ; et les princes, craignant d'être arrêtés, se retirèrent ; le duc d'Orléans à Blois, et le comte à Sedan chez le duc de Bouillon.

Le roi, étonné d'apprendre le départ des princes, crut que la fuite précipitée de Monsieur n'était occasionnée que par le refus qu'il faisait de reconnaître son mariage. Louis XIII fit dire à son frère de revenir à la cour, qu'il l'approuverait, à condition qu'il ne prendrait pas les intérêts du prince de Lorraine.

Pour le comte de Soissons, on chercha à le gagner. Richelieu avait à cœur de lui faire épouser sa nièce. Afin d'engager ce prince à répondre à ses intentions, tantôt le ministre l'accablait de caresses et d'amitiés ; d'autres fois, il lui témoignait la plus grande indifférence. Il s'y prenait de toute manière, mais inutilement. Loin de l'adoucir, il l'aigrit davantage.

Cependant le bonheur, qui n'abandonnait jamais le cardinal-ministre, le délivra encore d'un ennemi si dangereux. On fit des offres au comte, qu'il ne voulut point accepter. Sur son refus, on arrêta ses pensions. Le roi lui ôta l'exercice de la charge de grand-maître de sa maison. Dès lors, ce prince résolut de ne plus revenir à la cour, et croyant se venger du ministre, il devint rebelle à son roi. Richelieu avait si bien lié les intérêts de l'État avec le ministère, que tout ce qui l'attaquait, le roi le faisait déclarer criminel au premier chef.

Louis de Bourbon, comte de Soissons, entraîné par son malheureux sort, fut piqué de ce qu'on ne lui accordait aucune de ses demandes. Il se joignit aux ducs de Bouillon et de Guise ; et ces trois princes firent un traité avec l'Espagne, pour avoir des troupes. Les hostilités commencèrent le 8 juin 1641. Le roi les fit déclarer criminels au premier chef, eux et ceux qui suivaient leur parti. Le Parlement en fit autant par un arrêt rendu le 5 juillet suivant ; et le lendemain 6 de ce mois, le comte de Soissons fut tué à la bataille de *la Marfée* qu'il avait gagnée sur les troupes du roi. On ne se rapporte point sur la manière dont il périt ; les uns disent qu'un cavalier lui cassa la tête ; d'autres, que voulant relever la visière de son casque avec le bout de son pistolet pour se rafraîchir, le coup partit, et lui brûla la cervelle.

Par cette circonstance imprévue, le cardinal se trouva débarrassé d'un ennemi d'autant plus à craindre, qu'il n'avait jamais voulu plier sous son ministère. Ce prince, aussi ambitieux que le ministre, ne voulait rien devoir qu'à lui-même.

L'ambition conduite sagement ne produit que des effets nobles ; raisonnable et modérée, elle cesse d'être passion, et devient vertu, mais quand elle se trouve accompagnée du désir effréné de dominer, c'est une ivresse d'autant plus dangereuse, qu'il est presque impossible de lui commander.

Tant que le cardinal s'est vu affecté de cette noble émulation, il a été grand, admiré, et a acquis la vraie gloire.

Par elle, il a formé le projet de retirer la France de l'espèce d'anarchie où elle était plongée, pour la mettre dans tout son lustre.

Plein de courage, il a éteint le feu des guerres

civiles en extirpant l'hérésie, et l'attaquant jusque dans sa racine.

C'est encore au cardinal que nous sommes redevables de la pureté de notre langue. Sans l'émulation qu'il a donnée aux belles-lettres par la fondation qu'il a faite de l'Académie française, au commencement de 1635, aurions-nous pu espérer de la voir devenir la langue naturelle et commune à toutes les nations?

Cet esprit vaste a conçu le dessein de réduire la puissance autrichienne, et en a rendu l'exécution facile, en portant la guerre en Italie et en Allemagne; projet dont on a voulu lui ôter le mérite de l'invention, en l'attribuant et la portant au règne de Louis XI, sans avoir pu lui refuser celui de la réussite.

Mais si nous en devons croire quelques historiens (et c'est un grand reproche à faire à ce ministre), il n'a pas toujours pris cette émulation pour guide. Enivré de l'esprit de domination qui le possédait, il n'a rien épargné pour se satisfaire.

Sujet d'un roi timide, il a forcé son maître à lui céder l'autorité avec laquelle il s'est rendu absolu.

Cruel dans sa vengeance, il a fait couler le sang. Les grands, les princes, les reines même ont ressenti le pouvoir dont il était revêtu.

Depuis quelque temps, Louis XIII marquait de l'indifférence pour son épouse. A la vérité, les liaisons qu'elle conservait avec Philippe son frère, dans le sein duquel elle déposait ses chagrins, y contribuaient. Le cardinal la rendit criminelle dans l'esprit du roi, en l'accusant d'intelligence avec les ennemis de l'État.

Vers la fin de 1637, ayant appris qu'elle venait de recevoir des nouvelles d'Espagne, il en avertit le roi qui envoya sur-le-champ le chancelier au Val-de-Grâce, pour surprendre la reine et se saisir de ses papiers. Heureusement elle les avait remis à la supérieure, et l'on ne trouva rien sur elle capable de lui faire tort. Le chancelier, après avoir fouillé partout, même dans ses poches et dans son corset, lui dit de la part du roi de ne plus retourner dans aucun couvent et de se rendre à Versailles.

Le ministre, se voyant frustré de l'espoir de se venger, dissimula et voulut se donner l'honneur de raccommoder cette princesse avec le roi son époux, qui revint passer les soirées chez elle comme à l'ordinaire.

L'ambition de cette espèce ne peut souffrir de rivalité. Imbu de cette maxime, le cardinal se livrait trop à celle qui le possédait.

Adroit à développer les nœuds des conspirations; infatigable à poursuivre les ennemis de l'État, sa politique et son courage lui donnaient les ressources nécessaires pour dompter les uns, et saper jusqu'aux fondements des premières.

Cependant, cet homme que les cabales et les dangers n'étonnaient jamais, ne put tenir contre la réputation de Pierre Corneille. Le génie de ce poëte portait ombrage à celui de Richelieu, trop éclairé pour ne pas le connaître; mais trop faible en cette partie pour l'atteindre. Il en conçut une jalousie sans bornes. En rendant à Corneille la justice qu'il ne pouvait lui refuser sans se faire tort, il cherchait à le mortifier; il l'accablait de biens, et ne négligeait aucune occasion de l'avilir.

La guerre avéc la maison d'Autriche continuait avec plus d'activité que jamais, et le succès en était favorable à la France et à ses alliés.

Les îles de Saint-Honorat et de Sainte-Marguerite en Provence, reprises par le comte d'Harcourt sur les Espagnols, qui s'en étaient emparés en 1633; cette nation battue à plate.couture en Italie par le duc de Savoie et le maréchal de Créqui; le duc de Weimar deux fois vainqueur des Lorrains; Breda rendu au prince d'Orange; la Capelle, Landrecies, Ivry et Danvilliers, soumis au roi par le cardinal de la Valette et par le maréchal de Châtillon, furent les avantages de l'année 1637.

Au commencement de 1638, Paris vit mener en triomphe Jean de Wert, qui, peu de temps auparavant, l'avait mis dans l'alarme. Le 3 mars, le duc de Weimar le prit, lui et les autres généraux de l'empereur, après avoir taillé leur armée en pièces. Fribourg, Brisach et plusieurs autres villes devinrent les conquêtes de ce général.

En l'année 1639, les Suédois défirent les Impériaux le 13 mars. Hesdin se rendit le 3 juin, et ce fut sur la brèche de cette place que La Meilleraye, pour prix de ses services, eut la gloire de recevoir de la main du roi le bâton de maréchal de France. Le 18 octobre, la flotte de l'amiral Tromp remporta une victoire complète sur les Espagnols, vers les côtes d'Angleterre. Le 18 juillet, mourut le duc de Weimar, soupçonné d'avoir été empoisonné. Le ministre français, pour remédier aux inconvénients que cette perte pouvait causer, fit un traité avec le général Erlac, major des troupes weimariennes, par lequel le roi les

retenait à son service, et s'empara des places que le
duc avait conquises. Les opérations de cette année
seraient devenues très-brillantes, si elles n'avaient été
contrebalancées par l'échec que souffrirent les armes
du roi vers le Luxembourg, aux ordres de Feuquières,
qui faisait le siége de Thionville. Il fut battu le 7 juin
par Piccolomini, et mourut de ses blessures.

L'année 1640 fut célèbre par deux victoires remportées sur mer contre les Espagnols ; par le siége d'Ar-
ras que faisaient trois maréchaux de France, où l'é-
lite de la noblesse se trouva, et par trois autres siéges
formés à la fois, les uns sur les autres pour une même
place, fait singulier, digne d'être cité.

Victor-Amédée, duc de Savoie, étant mort en 1637,
le prince Thomas, son frère, oncle du jeune duc ré-
gnant, s'était lié avec les Espagnols, et voulait s'emparer des États de son neveu. Il avait pris la ville de
Turin, dont il avait forcé la garnison française de se
retirer dans la citadelle qu'il assiégeait. Le comte
d'Harcourt, général de l'armée de France, envoyé au
secours de la duchesse de Savoie, après avoir battu
deux fois le marquis de Leganès, général espagnol,
les 29 avril et 11 juillet, assiégea Turin où était le
prince Thomas, et le marquis de Leganès, tout vaincu
qu'il était, vint à son tour enfermer le comte dans son
camp. Cependant les Français reçurent tous les secours possibles, ils en furent redevables à la vigi-
lance et à la valeur du vicomte de Turenne. Le 24 septembre, la ville se rendit, et la citadelle fut délivrée.
Cette année fut encore remarquable par la révolution
du Portugal.

Les Catalans, aussi fatigués que les Portugais de

la domination espagnole, secouèrent le joug à l'exemple du Portugal, et les chassèrent de chez eux avec l'aide de la France. L'année 1641 signala leur révolte. Ils se mirent sous la protection de Louis XIII, et le traité en fut signé le 20 février, sous la condition qu'ils conserveraient leurs priviléges.

Différentes victoires remportées par les armées du roi sur la maison d'Autriche ; la conquête du Roussillon préméditée par le cardinal ; la prise de Perpignan ; la bataille de Lerida ; la conspiration de Cinq-Mars ; la mort de Marie de Médicis et celle du cardinal de Richelieu furent les époques mémorables de l'année 1642.

Pendant que Richelieu, l'esprit rempli du vaste projet de relever l'éclat de la couronne sur les ruines de la maison d'Autriche, employait les moyens les mieux combinés pour le faire réussir, l'envie lui suscitait à tout moment de nouveaux ennemis, qui semblaient naître des cendres de ceux qu'il immolait à son ressentiment.

Une conspiration n'était pas assoupie, qu'une autre plus forte lui succédait. Nous venons de le quitter au millieu d'assassins, exposé au péril le plus évident, en échappant par un trait de la providence la plus marquée. Nous allons le voir en butte à l'ingratitude la plus inouïe, prêt à périr par la main de celui qu'il élève à la plus haute faveur.

Le cardinal ne voulant souffrir auprès de son maître personne qui pût s'emparer de son esprit, et qu'il n'eût mis de sa main, fit disgracier successivement mademoiselle de La Fayette et madame d'Hautefort.

Après avoir conduit le roi sur les frontières de la Champagne, de l'Artois et du Dauphiné, pour le distraire, le cardinal pensa à la fortune de Cinq-Mars. Le ministre avait fait celle du maréchal d'Effiat son père, et crut trouver dans le fils la reconnaissance qui pouvait lui être due. Il prit soin d'informer Cinq-Mars comment il fallait se comporter à la cour et de de quelle manière il devait se faire aimer. Richelieu en fit un si grand éloge au roi, que par la suite, le jeune d'Effiat devint plus cher au monarque qu'aucun de ses favoris. Le but du ministre était de pénétrer par son moyen dans les plus secrètes pensées de Louis, pour se garantir des piéges qu'on lui tendait continuellement.

Peu de personnes se sont élevées aussi rapidement. Cinq-Mars avait de l'esprit, et plaisait infiniment au roi. Dès l'âge de dix-sept ans, à la tête d'une compagnie aux gardes, il passa à la charge de grand-maître de la garde-robe, et parvint à vingt-un ans à celle de grand-écuyer, une des premières de la cour.

Dans les commencements, le ministre avait lieu de se louer de l'exactitude et de la fidélité de Cinq-Mars, mais l'ambition conduisit bientôt ce jeune favori au plus haut degré de l'ingratitude.

Enivré de sa fortune, Cinq-Mars crut être quitte de ce qu'il devait au cardinal. Il désirait devenir duc et pair pour épouser Marie de Mantoue. Cette princesse le lui avait fait espérer à cette condition. Il communiqua son dessein à son bienfaiteur, qui le traita de téméraire et de présomptueux, en lui marquant assez de mépris.

Le roi voulut lui donner entrée au conseil [1]. Le cardinal s'y opposa, en faisant connaître le danger de confier le secret de l'État à un jeune indiscret. Cinq-Mars, outré de se voir traversé par le ministre, ne mit point de bornes à son dépit. Il lui déclara dans son cœur la plus forte haine, et jura sa perte.

Le crédit de ce favori croissait de jour à autre, et le cardinal en avait beaucoup d'inquiétude [2]. Ses craintes augmentèrent, lorsqu'il s'aperçut que le roi le recevait avec plus de froideur. Afin d'occuper ce prince de manière qu'il ne pût prêter l'oreille aux cabales, et pour le mettre au point de ne pouvoir se passer de lui, il l'engagea d'aller lui-même faire la conquête du Roussillon.

Cette province était nécessaire aux vues du minis-tre. Elle donnait à la France le pouvoir de soutenir les Catalans, couvrait ses frontières de ce côté, et la rendait maîtresse d'entrer en Espagne.

1. Le roi dit au cardinal, un jour que les ministres entraient dans sa chambre pour tenir conseil : « Faisons entrer Cinq-Mars, afin que mon cher ami s'instruise de bonne heure des affaires de mon conseil, et qu'il puisse me servir ». Le ministre n'osa répliquer, et ne fit proposer que des affaires de peu de conséquence, mais, le lende-main, il représenta au roi combien sa réputation souffrirait lorsqu'on saurait que les affaires les plus importantes dépendraient souvent de l'avis d'un jeune homme sans expérience.

2. L'histoire nous apprend que Louis XIII, s'apercevant qu'on rapportait au cardinal ce qu'il confiait à ses courtisans, fit promettre au grand-écuyer de garder un profond silence sur ce qui se passait entre eux.

Voilà l'époque de la haine entre le ministre et Cinq-Mars, qui devint funeste à ce dernier.

Le cardinal disait qu'il ne craignait que le petit coucher du roi. Les favoris du roi assistaient à son coucher, et la plupart ne cher-chaient qu'à perdre le cardinal.

Après avoir garni de troupes les autres frontières [1], le roi partit avec le cardinal au commencement de 1641. Ils passèrent par Narbonne, où le ministre tomba malade, et Louis arriva au camp devant
Perpignan, que son armée assiégeait sous les ordres
du maréchal de La Meilleraye.

Ce fut ce temps que le grand-écuyer crut propre
à faire éclater sa vengeance. Il y avait deux partis à
la cour; l'un pour le cardinal, l'autre contre; Cinq-
Mars à la tête du dernier.

Le roi souffrait avec impatience la domination
de son ministre, et s'en expliquait assez clairement
avec Cinq-Mars. Cependant, tout fatigué qu'il était
de l'empire que le cardinal avait pris sur lui, ce prince
ne voulut jamais donner le consentement que Cinq-
Mars lui demandait pour se défaire de Richelieu.
M. le grand-écuyer, dont la jeunesse fougueuse et
pétulante ne lui permettait pas de combiner ses désirs, voyant qu'il ne pouvait tirer du roi l'aveu nécessaire à l'éxécution de son projet, changea le titre
d'assassin [2] pour prendre celui de criminel d'État.

Avant le départ du roi, Cinq-Mars s'était lié avec
le duc d'Orléans. Ils jetèrent le plan d'une conspiration, dans laquelle il firent entrer le duc de Bouillon.
Ce seigneur défiant et soupçonneux, défaut balancé
par d'autres belles qualités, craignait que le minis-

1. Grancey gardait la Bourgogne; Duhaillier commandait dans
la Lorraine; Erlac couvrait l'Alsace; Guesbriant défendait le Rhin;
Hanaut couvrait la Champagne, et Grammont la Picardie.

2. Cinq-Mars avait fait faire un poignard pour tuer lui-même Richelieu, lorsqu'il se trouverait seul avec lui. Il eut deux fois occasion d'en faire usage, pendant le voyage du Roussillon, mais il
n'eut jamais la force d'exécuter son dessein.

8

tre ne lui enlevât la principauté de Sedan. Cette inquiétude le portait plutôt vers l'Espagne que vers la
France. Cependant, le roi ayant oublié sa révolte de
l'année précédente lui avait donné cette année le
commandement de l'armée d'Italie.

Le duc d'Orléans, que l'habitude et l'envie de cabaler ne quittaient pas, entra d'autant plus volontiers
dans les vues du grand-écuyer, que la réussite lui en
paraissait assurée. Les assemblées se tinrent chez
lui au Luxembourg, où il fut résolu qu'on aurait
recours à l'Espagne; et Fontrailles, ami de M. le
grand-écuyer, espérant jouer un rôle, se chargea
de la commission.

Fontrailles passa en Espagne en 1642, où il signa
un traité au nom de monsieur avec le duc d'Olivarès,
ministre de Philippe IV, par lequel on s'engageait
à fournir au duc d'Orléans dix-sept mille hommes
de troupes, quarante mille écus pour en lever d'autres, et deux mille écus de pension en faveur du duc
de Bouillon et du grand-écuyer, à condition qu'il
remettraient au roi d'Espagne les conquêtes qu'ils
feraient en France, qui ne seraient rendues qu'à la
paix générale, en restituant celles que Louis XIII
ferait sur ce monarque.

Cinq-Mars avait un ami intime, dépositaire de
tous les sentiments de son cœur. De Thou, homme
d'esprit, plein de courage et de probité, apprit de lui
la conspiration. Trop honnête homme pour l'approu-
ver, et malheureusement trop discret pour abuser de
la confidence, il blâma son ami, et lui fut fidèle; fatale
discrétion qui le mena sur l'échafaud.

Cependant le cardinal était revenu au camp, et

Cinq-Mars faisait ses efforts pour le perdre dans l'esprit du roi. Il semblait même avoir réussi en excitant sa jalousie. « Le pouvoir que vous avez laissé prendre au cardinal, dit Cinq-Mars, peut devenir fatal à Votre Majesté. Il est le maître de la mer. Les gouvernements sont occupés par ses créatures. Ses parents, ses amis commandent les armées. Qui sait si son ambition ne lui montre pas le chemin du trône ? » M. le grand-écuyer prit le roi par son faible. Le monarque témoigna de l'humeur, et regarda de mauvais œil le ministre. Le cardinal se crut perdu sans ressource, et, sous prétexte que les eaux de Tarascon étaient nécessaires à sa santé il demanda permission d'y aller.

De Thou représenta alors à Cinq-Mars qu'il devait être content d'avoir obligé son rival de lui céder la place. « Désormais, dit-il à son ami, vous jouirez sans crainte des bonnes grâces et de la faveur du roi. Rompez tout commerce avec l'Espagne, et ne cherchez point à vous rendre rebelle à votre souverain. » Le grand-écuyer, trop prévenu de l'idée de changer la face du gouvernement, lui répondit que les choses étaient trop avancées, et qu'elles ne dépendaient plus de lui.

En arrivant à Tarascon, le cardinal reçut des nouvelles du camp, qui le jetèrent dans la consternation. Ses amis lui mandèrent que Cinq-Mars, plus en faveur que jamais, le perdait dans l'esprit du monarque ; qu'on l'accusait de concussion, et qu'il était question de lui faire rendre compte des derniers qu'il avait reçus pour le service du roi.

Abattu, plongé dans un violent chagrin, Richelieu se recueille en lui-même, et force son esprit de lui fournir quelqu'une de ces ressources inattendues, fruit de la nécessité. La politique lui en offre une, violente à la vérité, mais capable de lui rendre le repos, en lui donnant toute espérance, et propre à lui faire connaître s'il lui reste encore un ami assez ardent pour lui sacrifier jusqu'à sa réputation.

Le comte d'Harcourt et le maréchal de Grammont [1] chacun à la tête d'un corps de troupes, gardaient les frontières de la Champagne et de la Picardie. Le cardinal mande au maréchal de faire une manœuvre, où il soit obligé de fuir et de céder quelque terrain à l'ennemi. Grammont, jaloux de satisfaire son bienfaiteur aux dépens même de son honneur, se fit battre à Honnecourt; démarche téméraire et trop hardie, si le génie de Richelieu ne lui eût fourni les secours nécessaires pour la réparer. Cette journée, nommée celle *des Éperons*, n'eut point de suites fâcheuses pour les armes du roi [2].

1. Le maréchal de Grammont devait sa fortune au cardinal. Son heureuse étoile le conduisit un jour chez ce ministre dans un de ces moments où ce grand génie, pour se délasser des fatigues de l'esprit, donnait un exercice violent à son corps.

Grammont le trouvant qui sautait contre la muraille, ne crut pouvoir mieux faire sa cour que de l'imiter. Il met son juste-au-corps bas, et excitant le ministre par l'exemple : « Courage, Monseigneur, lui dit-il, c'est un jeu où je suis expert; si j'avais su qu'il fût agréable à Votre Éminence, il y a longtemps que je lui aurais proposé d'en faire son amusement ».

2. Ce fut par dérision que la déroute du maréchal de Grammont fut nommée « la journée des Éperons », parce que la cavalerie se mit à fuir avec une précipitation désordonnée.

Ce maréchal qui avait su captiver l'amitié du ministre, lui devint encore plus cher depuis qu'il avait épousé une de ses parentes. Il en reçut une lettre de consolation sur le chagrin que devait lui causer l'échec qu'il venait de recevoir. Après lui avoir rappelé que la prudence la plus consommée ne peut tenir contre les décrets de la

La nouvelle arrive au camp, et met Louis XIII dans le plus grand embarras. Ce prince reconnaissant son incapacité, oublie Cinq-Mars, et regrette le cardinal. Il lui dépêche courriers sur courriers; le presse de revenir pour remédier aux affaires de la Picardie, et pour concerter ensemble sur les moyens d'empêcher l'ennemi d'y faire du progrès.

Le cardinal, qui voulait rendre son retour durable, mande au roi que son état l'empêche d'obéir à ses ordres, et qu'il y va de sa vie s'il se met en chemin.

Quand la fortune s'attache à quelqu'un, ordinairement elle ne le sert point à demi, et il ne lui arrive guère un bonheur sans être suivi d'un autre. Celle de Richelieu qui le suivait pas à pas, vint à son secours pour augmenter sa gloire, et le faire encore triompher de ses ennemis. Au moment où, pour se rendre nécessaire, il imagine un projet aussi imprudent qu'hasardé, il reçoit la copie du traité fait en Espagne par Fontrailles; sur-le-champ, il le fait passer à Chavigny, secrétaire d'État, pour le remettre entre les mains du roi.

Louis impatient de voir le cardinal, et de réparer les désordres de la Picardie, alla le trouver. L'entrevue se fit à quelques milles de Tarascon, où l'on dressa un lit pour ce monarque à côté de celui du cardinal. Ils étaient malades tous deux. Le roi étant

Providence, il lui mande qu'un grand capitaine peut perdre une bataille, mais qu'il doit se consoler lorsque ce malheur lui arrive, s'il a fait ce qu'il a pu pour la gagner. « Consolez-vous donc, mon pauvre comte, et n'oubliez rien pour empêcher que le malheur qui vous est arrivé n'ait aucune suite mauvaise. Si j'avais un bon bras, je vous l'offrirais. Mais en quelque état que je sois, je suis entièrement à vous.»

arrivé, le ministre lui rappelle les services qu'il avait rendus à l'État, ce qu'il a fait pour affermir la couronne sur sa tête, pour assurer des fondements inébranlables à la monarchie, et pour rendre le royaume florissant : « La récompense, dit le cardinal, après avoir tant de fois risqué ma vie, est de voir Votre Majesté entrer dans les vues d'un ingrat qui me doit tout ce qu'il est. » Le roi pénétré jusqu'aux larmes, lui raconte ce qui s'est passé au camp, contre lui, et promet de lui rendre justice en faisant un exemple mémorable par la punition des coupables.

Ils furent arrêtés ; de Thou, le 13 juin, au camp ; Cinq-Mars, le 14, à Narbonne, où il avait suivi le roi. Leur procès fut fait comme à des criminels de lèse-majesté, qui avaient appellé et voulu faire entrer l'ennemi dans le royaume.

De Thou et Cinq-Mars, celui-ci complice, le premier pour n'avoir pas révélé le secret de son ami, furent condamnés à avoir la tête tranchée, le 14 septembre 1642, et exécutés le même jour à Lyon. Ils allèrent ensemble à l'échafaud avec la fermeté héroïque du vrai chrétien, s'exhortant l'un et l'autre à bien mourir. L'amitié les avait unis dans le monde, elle resserra leurs nœuds pour les conduire au ciel [1].

Le duc de Bouillon sauva sa vie par l'abandon de sa principauté de Sedan. Les duchesses, femme et

---

1. Les gardes de Cinq-Mars ne purent entendre son jugement sans verser des pleurs. « *Ne pleurez point, mes amis*, leur dit-il ; *les larmes sont superflues. Priez Dieu pour moi ; et soyez sûrs que le mal ne m'a jamais fait peur* ».
Il dit aussi à son confesseur qui s'attendrissait jusqu'aux larmes : « *Que vois-je, mon père ? êtes-vous plus sensible à mes intérêts que moi-même ?* »

sœur de ce duc, vinrent se jeter aux pieds du roi lui demander la grâce de ce criminel en lui remettant Sedan. Louis XIII jugea plus convenable d'acquérir cette place, que de la voir passer entre les mains des Espagnols. Les duchesses en avaient menacé la cour en cas qu'on sévît contre le duc.

Monsieur se tira d'affaire selon sa coutume, avouant tout, demandant pardon, et s'embarrassant peu de ce que deviendraient ceux qui s'étaient sacrifiés pour lui.

Après l'entrevue du roi et du cardinal, ce prince prit le chemin de Paris ; et Richelieu voulant attendre l'événement du siége de Perpignan, ne revint que dans le mois de septembre, après que cette place fut réduite sous l'obéissance de la monarchie française.

Richelieu souffrant, abattu par sa maladie, ne pouvait soutenir la voiture. On lui fit une litière exprès qui contenait un lit, une chaise et une table ; et ce fut dans cette espèce de chambre qu'il revint dans son palais, porté sur les épaules de ses gardes, qui ne voulurent céder cet honneur à personne.

Le cardinal se trouva alors dans la position la plus brillante où jamais aucun ministre ait pu espérer d'arriver. Les armes du roi étaient florissantes en cette année 1642. Elles avaient eu partout un succès extraordinaire, excepté l'échec prémédité des frontières de Picardie, auquel on avait apporté un remède. Le roi avait acquis Sedan ; les limites du royaume étaient considérablement augmentées ; l'Artois était conquis ; et Richelieu avait vu tomber les têtes de ceux qui lui portaient ombrage. La prise de Perpignan, le 6 septembre, et celle de la ville de Saluces, quelques jours après, par le maréchal de La Meilleraye ; les Espagnols battus à Lérida, le 7 octobre, par le maréchal de La Motte, avaient assuré le Roussillon à la France, et mis la Catalogne en sûreté. La puissance autrichienne semblait être sur son déclin. Il ne manquait à Richelieu que d'aller l'attaquer dans son centre. C'était le projet que méditait le ministre pour l'année 1643, lorsque la mort l'arrêta dans le cours de ses prospérités, et rendit dans un moment la condition de ce grand homme égale à celle plus vil des humains.

Au moment où le cardinal se proposait de couronner ses travaux en mettant la dernière main à ses brillants projets, la mort le précipita dans le tombeau.

La soumission des grands à l'obéissance ; l'abaissement de la puissance autrichienne ; l'extinction du feu de l'hérésie ; ces trois points de vue sur lesquels Richelieu avait formé le plan de son administration avaient été conçus par cet esprit supérieur, au même instant que son ambition lui traçait le chemin des grandeurs ; et il aurait eu la satisfaction d'en voir la réussite, si sa vie eût été prolongée de quelques années.

Dans le même temps qu'il songeait à procurer la paix à sa nation, il travaillait au repos intérieur de l'État, en cherchant le moyen de réunir tous les sujets du roi son maître, sous la même profession de foi.

La voie des armes avait réussi jusqu'alors contre les protestants, mais ces révoltés toujours vaincus, et jamais abattus, ne se rebutaient pas, et se relevaient

de leurs chutes avec des forces capables de se faire
craindre. C'était une hydre dont on ne pouvait abat-
tre les têtes.

Le ministre effrayé de voir périr tant de braves
gens de part et d'autre, ce qui ne pouvait que porter
un préjudice manifeste aux forces de l'État, résolut
d'employer des moyens contraires à ceux dont il avait
fait usage. Celui de la persuasion lui paraissait le
plus convenable ; il fit appeler auprès de sa personne
le sieur Dulaurens, homme de mérite, capable de le
seconder, anciennement ministre des huguenots, et
qui, après la mort du cardinal, entra chez les pères
de l'Oratoire.

Richelieu lui communiqua son dessein. Après
bien des réflexions sur la manière de s'y prendre, ils
convinrent qu'il fallait gagner à force d'argent et de
promesses les principaux ministres, pour les engager dans une conférence où le cardinal, accompagné
de Dulaurens, les convaincrait de leurs erreurs par
leurs libelles même.

Convenus de leurs faits, Dulaurens se mit à travailler, mais se défiant de sa capacité, il écrivit à
Rueil où était Son Éminence, pour la prier de joindre
à ses lumières celles d'un docteur de Sorbonne, d'un
jésuite et d'un père de l'Oratoire. La réponse du
ministre mérite d'être rapportée ; elle prouve la jus-
tesse de ses idées :

« Les docteurs de Sorbonne sont bons pour les hé-
rétiques du temps passé. Je ne veux point me servir
de jésuites dans cette affaire ; et quant aux pères de
l'Oratoire, ils sont trop mystagogiques ; travaillez
seul. »

Effectivement, peu s'en fallut qu'il ne réussît. Les ministres de la Normandie et du Languedoc promirent de faire ce qu'on voudrait. Ceux de Sedan résistèrent; mais on en serait venu à bout, et Richelieu aurait terminé cette importante affaire, si sa destinée n'en eût ordonné autrement.

Le 4 décembre 1642, Richelieu mourut comblé de gloire, emportant avec lui l'estime de son roi, l'envie de ses rivaux, l'admiration de l'Europe. Esprit vaste, d'où sortaient de grands projets bien médités; génie sublime, dont la sagacité les faisait réussir; rempli d'une politique fine [1] et rusée qui le garantissait des dangers; esclave de maximes sévères sur lesquelles il a fondé la force de l'autorité royale; fidèle et généreux dans son amitié; inexorable dans sa haine; absolu dans ses volontés; hardi dans ses entreprises; heureux dans l'exécution; ambitieux par nature et par état; vindicatif par goût et par nécessité, il a regné sans être roi, et a frayé aux successeurs de Louis XIII le véritable chemin du gouvernement.

Différents auteurs ont écrit et parlé du cardinal de Richelieu. Chacun a suivi son sentiment particulier. Quelques-uns l'ont loué avec excès; d'autres, en plus grand nombre, en ont fait un monstre abo-

---

1. Un jour qu'il sortait du bal avec le roi, il passa le premier, et les pages qui portaient les flambeaux marchaient devant lui. Louis XIII dit assez haut : « *Éclairez M. le cardinal.* » Richelieu, qui peut-être avait l'esprit occupé, rentrant en lui-même, prit sur-le-champ un flambeau de la main d'un page, et répondit au roi : « *Sire, si je passe devant, c'est pour avoir l'honneur d'éclairer Votre Majesté* ».

minable, chez qui les vices les plus odieux étaient réunis.

On ne peut se dissimuler qu'il n'ait eu de grands défauts; mais il faut l'avouer, et l'on en convient généralement, Richelieu était un des plus grands ministres qui aient jamais paru. L'homme médiocre ne connaît ni vice, ni vertu. Le grand homme mêle souvent aux qualités supérieures des défauts énormes.

Pour juger de ceux que Richelieu a fait paraître, il ne faut que se rappeler la situation du royaume sous Louis XIII, le caractère de ce prince, et les cruelles catastrophes de ceux qui ont joué de si funestes rôles dans le cours de son règne.

Le roi se sentait incapable de gouverner. Il n'avait pu voir sans chagrin la mauvaise administration de ses favoris. Richelieu lui promit de réformer les abus, et de remédier aux désordres. Louis le crut, et lui remit en main l'autorité.

Gaston son frère, n'était pas fait pour occuper la seconde place du royaume. Il abusait de son pouvoir pour cabaler sans cesse. Ce prince s'abandonnait à des favoris dévorés d'ambition, qui ne connaissaient ni les droits de leur maître, ni les leurs.

Le comte de Soissons, trop fier, mésusait de ceux de sa naissance, pour nourrir dans son cœur la haine que le ministre lui avait inspirée, par l'alliance qu'il voulait faire en lui donnant en mariage madame de Combalet sa nièce.

Marie de Médicis, dont le séjour en France n'avait pu réformer le naturel, avait passé de la tendresse la plus vive à la haine la plus décidée contre Richelieu, parce qu'il avait trouvé mauvais un acte d'autorité très-injuste, qu'elle avait fait pendant le séjour du roi en Italie.

Voilà la source d'où l'envie fit sortir les terribles effets de la vengeance du cardinal. L'imprudent Chalais fut la victime d'un amour inconsidéré; Marillac sacrifié à la politique et au ressentiment du ministre; Montmorency un des plus grands exemples de sévérité; et Cinq-Mars paya le prix de son ingratitude.

Le cardinal de Richelieu avait des qualités essentielles pour le gouvernement. Politique consommé, il travaillait pour la grandeur de son maître et pour le bien de l'État.

Louis XIV, tout grand qu'il était, né avec les dispositions nécessaires pour régner, que la nature lui avait prodiguées, aurait-il jamais fait rejaillir sur le trône la gloire et la splendeur qui l'environnent, si le ministre de Louis XIII ne lui en eût ouvert la voie, en aplanissant les difficultés?

Les vues de Richelieu étaient élevées. Son ambition lui montrait l'abaissement nécessaire des grands, et l'élévation du trône.

FIN

Sceaux. — Typ. M. et P.-E. Charaire.

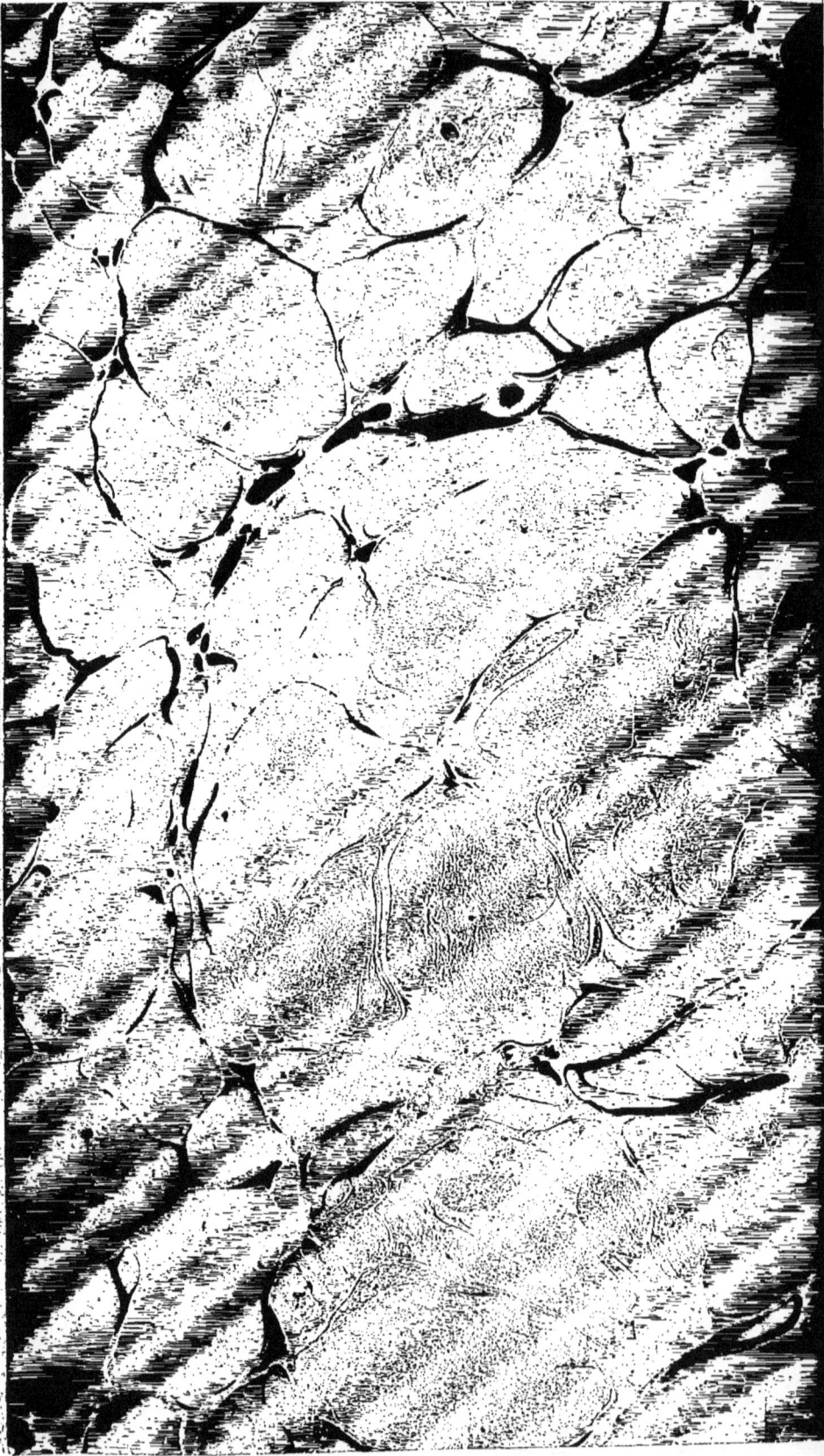

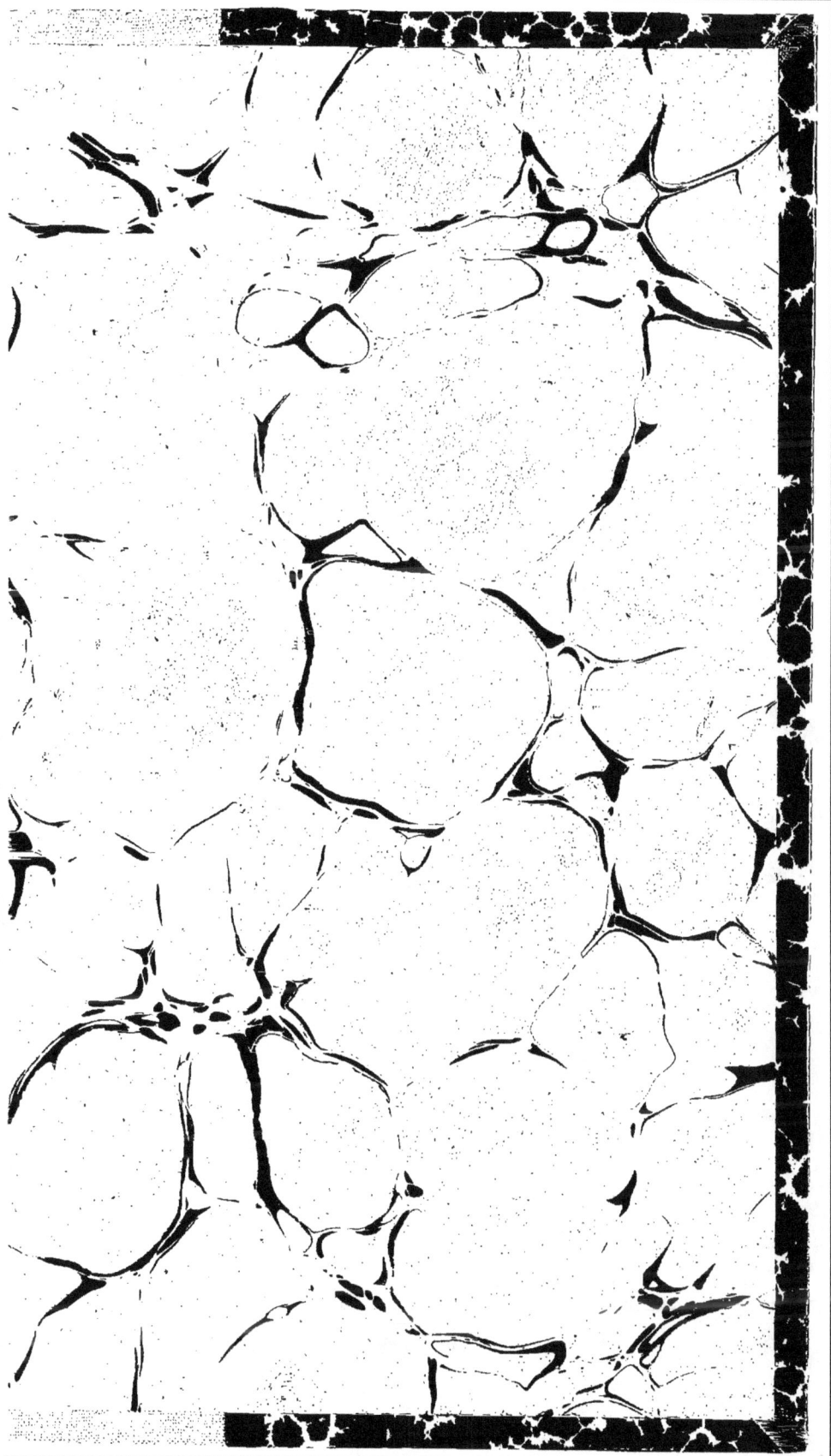

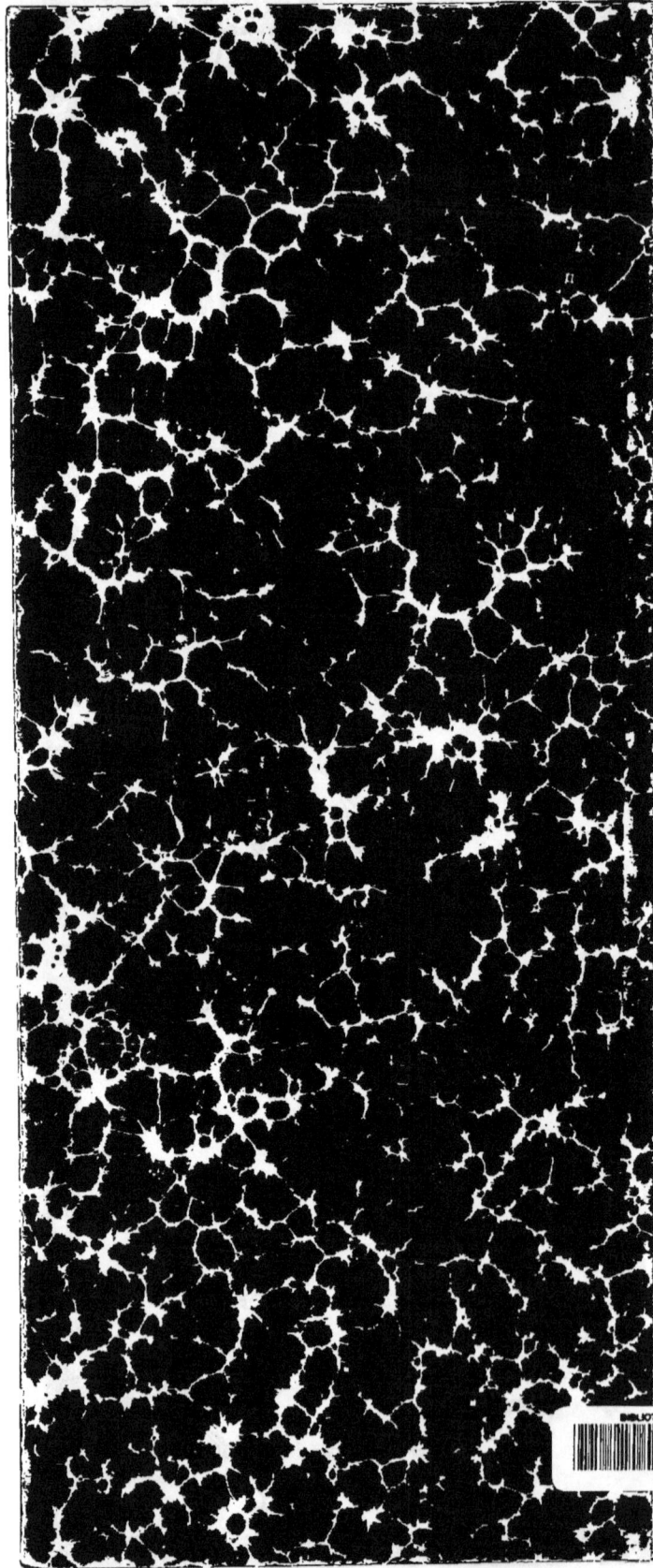

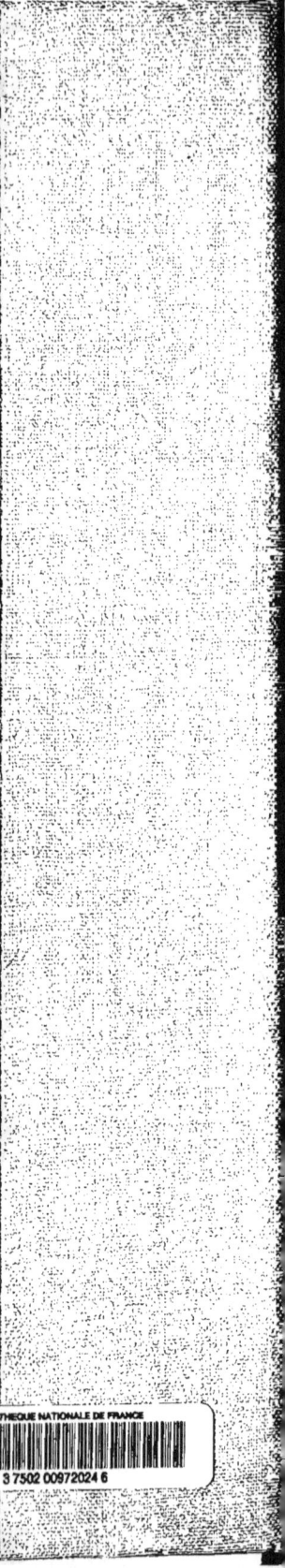

www.ingramcontent.com/pod-product-compliance
Lightning Source LLC
Chambersburg PA
CBHW071811090426
42737CB00012B/2045